발 행 일	2021년 02월 22일 (1판 1쇄)
개 정 일	2023년 02월 01일 (1판 13쇄)
I S B N	978-89-8455-025-4(13000)
정 가	10,000원

집 필	KIE 기획연구실
진 행	김동주
본문디자인	디자인앨리스

발 행 처	㈜아카데미소프트
발 행 인	유성천
주 소	경기도 파주시 정문로 588번길 24
홈 페 이 지	www.aso.co.kr / www.asotup.co.kr

※ 이 책은 저작권법에 따라 보호를 받는 저작물이므로 무단 전재와 무단 복제를 금지하며, 이 책 내용의 전부 또는 일부를 이용하려면 반드시 ㈜아카데미소프트의 서면동의를 받아야 합니다.

나의 타자 실력을 기록해보세요!

구분	날짜	오타수	정확도	확인란	구분	날짜	오타수	정확도	확인란
1	월 일				13	월 일			
2	월 일				14	월 일			
3	월 일				15	월 일			
4	월 일				16	월 일			
5	월 일				17	월 일			
6	월 일				18	월 일			
7	월 일				19	월 일			
8	월 일				20	월 일			
9	월 일				21	월 일			
10	월 일				22	월 일			
11	월 일				23	월 일			
12	월 일				24	월 일			

  **이런 내용으로 구성되어 있어요!**

배울 내용 미리보기
각 차시별로 배울 내용을 만화로 미리 확인할 수 있어요.

창의력 플러스
본문 학습 내용과 관련된 다양한 형태의 문제들을 스스로 해결하면서 창의력을 높일 수 있어요.

본문 따라하기
Win10의 기본적인 내용을 체계적으로 학습할 수 있고, 인터넷(엣지)을 잘 활용할 수 있도록 구성되어 있어요.

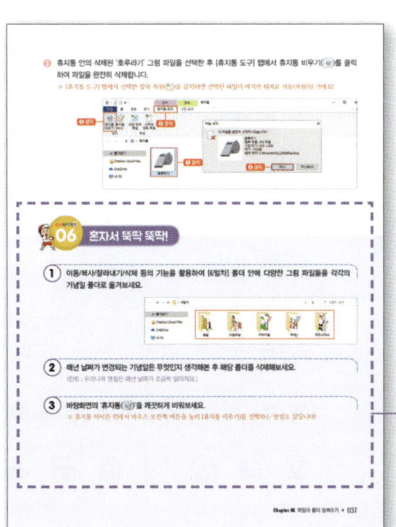

혼자서 뚝딱 뚝딱
앞에서 배운 내용을 다시 한 번 확인할 수 있도록 문제를 제공해요.

목차

CHAPTER 01 컴퓨터와 친구되기 — 006	CHAPTER 02 마우스와 친구되기 — 010	CHAPTER 03 키보드와 친구되기 — 016
CHAPTER 04 멋진 어린이 화가 되기 — 022	CHAPTER 05 파일과 폴더의 개념 알아보기 — 026	CHAPTER 06 파일과 폴더 정복하기 — 032
CHAPTER 07 앱 실행 및 창 가지고 놀기 — 038	CHAPTER 08 단원 종합 평가 문제 — 044	CHAPTER 09 캐릭터 그려보기 — 046
CHAPTER 10 3D 세상 살펴보기 — 052	CHAPTER 11 빠르고 쉽게 계산하기 — 058	CHAPTER 12 메모장으로 이모티콘 만들기 — 064

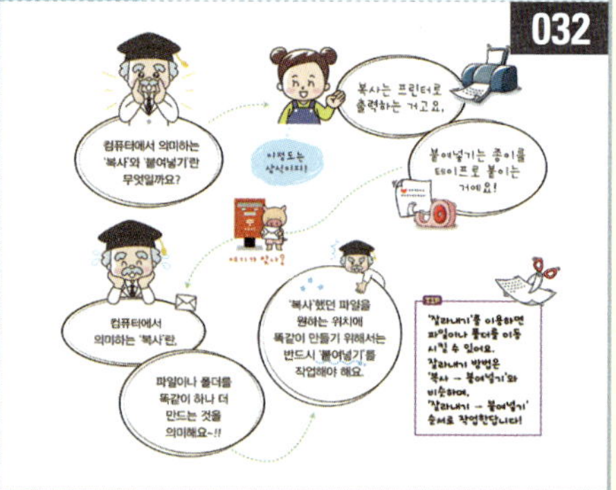

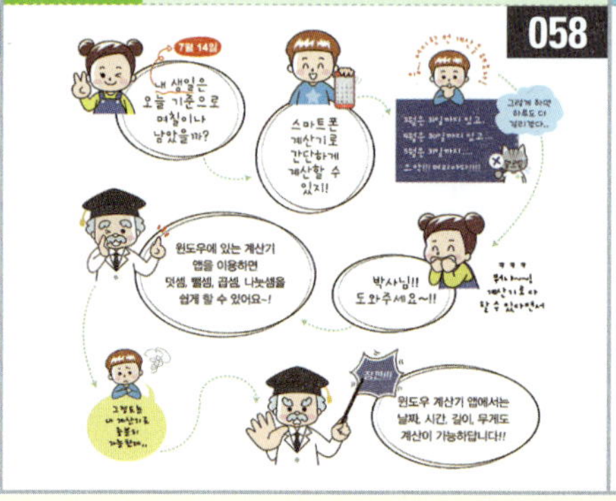

CHAPTER 01 컴퓨터와 친구되기

학습목표

- 타자 프로그램을 이용하여 '자리연습 1단계'를 연습해봅니다.
- 컴퓨터실에서 지켜야 하는 에티켓에 대해 알아봅니다.
- 컴퓨터 주변장치와 컴퓨터를 켜고 끄는 방법에 대해 알아봅니다.

배운 내용 미리보기!

창의력 플러스

컴퓨터실 이용 에티켓으로 올바른 내용에 'O' 표시를 한 후 잘못된 내용은 고쳐서 발표해보세요.

● 컴퓨터실 이용 에티켓

[   ] 수업 시작 전에는 자리에 앉아서 타자 연습을 해요.
[   ] 구부정한 자세로 컴퓨터를 이용해요.
[   ] 궁금한 것이 있을 때는 조용히 손을 들고 기다려요.
[   ] 뛰어다니거나 큰 소리로 이야기하지 않아요.
[   ] 프로그램이나 파일을 마음대로 지우거나 다운받지 않아요.
[   ] 맛있는 음식이나 재미있는 장난감을 가져와서 자랑해요.
[   ] 컴퓨터가 켜지지 않을 때는 마구 두드려 보아요.
[   ] 수업이 끝나면 책상과 의자 등 주변을 예쁘게 정리해요.
[   ] 쉬는 시간이 생기면 재미있는 게임을 해요.

01 컴퓨터의 주변장치 알아보기

❶ [1일차] 폴더 안에 '주변기기' 파일을 열어 컴퓨터의 주변장치에는 어떤 것들이 있는지 확인해봅니다.

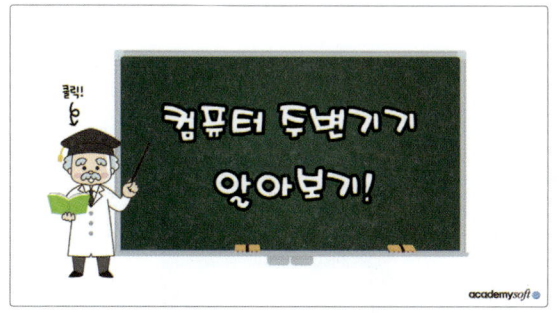

❷ 주변장치의 기능들을 모두 학습한 후 간단한 퀴즈를 풀어봅니다.

02 컴퓨터 켜고 끄기

❶ 컴퓨터 본체의 전원 버튼을 누른 후 모니터의 전원 버튼을 눌러 컴퓨터를 켤 수 있습니다.
   ※ 전원 버튼의 위치는 제품마다 다를 수 있어요!

❷ [▦(시작)]을 클릭한 후 ⏻(전원)-[시스템 종료]를 선택하여 컴퓨터를 종료할 수 있습니다.

CHAPTER 01 혼자서 뚝딱 뚝딱!

① 컴퓨터를 켰을 때 여러 가지 작업을 할 수 있도록 제공되는 기본 화면을 무엇이라고 할까요?

② 주변기기 중 모니터, 키보드, 마우스 등을 연결하여 작업을 처리하는 핵심 장치는 무엇일까요?

③ 컴퓨터를 종료하는 순서를 간단하게 적어보세요.

CHAPTER 02 마우스와 친구되기

학습목표

- 타자 프로그램을 이용하여 '자리연습 1단계'를 연습해봅니다.
- 마우스를 잡는 방법에 대해 알아봅니다.
- 클릭, 더블 클릭, 드래그에 대해 알아봅니다.

창의력 플러스

1️⃣ 세 개의 주변장치 중에서 본체에 연결된 것은 무엇일까요?

2️⃣ 마우스는 동물의 모습을 닮아 이름이 만들어졌다고 해요! 다음 중 마우스의 모양과 닮은 동물을 선택해보고, 선택한 이유를 함께 적어보세요.

● 동물을 선택한 이유

01 마우스 사용 방법 알아보기

① **마우스 잡는 방법** : 마우스를 감싼 손이 'V' 모양이 되도록 마우스 왼쪽 버튼 위에 검지를, 마우스 오른쪽 버튼 위에 중지를 올려놓습니다.

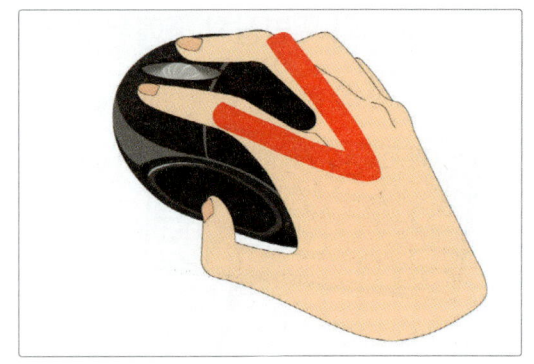

▲ 마우스 잡는 방법

② **클릭하는 방법** : 검지를 이용하여 마우스 왼쪽 버튼을 한 번(딸깍) 누릅니다.

③ **더블 클릭하는 방법** : 검지를 이용하여 마우스 왼쪽 버튼을 빠르게 두 번(딸깍 딸깍) 누릅니다.

④ **드래그하는 방법** : 검지로 마우스 왼쪽 버튼을 누른 채 이동할 위치로 마우스를 움직입니다.

⑤ **휠 굴리는 방법** : 검지로 마우스 휠을 위/아래로 굴려서 화면을 위/아래로 이동시킵니다.

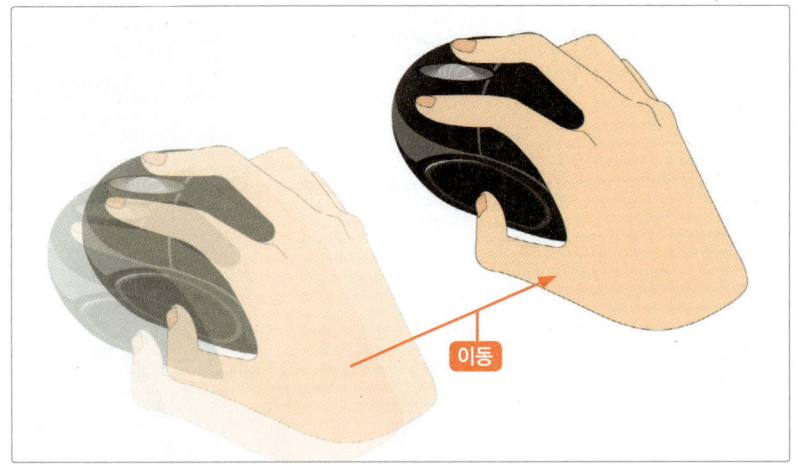

▲ 드래그하는 방법

▲ 휠 굴리는 방법

02 마우스 클릭 연습하기

① [2일차] 폴더 안에 '두더지 게임'을 더블 클릭하여 실행합니다.

② 두더지 잡기 게임이 실행되면 <Play>를 클릭합니다.

③ 두더지가 올라오면 마우스로 클릭하여 망치로 때립니다.

※ 클릭이란 검지를 이용하여 마우스 왼쪽 버튼을 한 번 누르는 것을 말해요.

TIP : PC 보호 화면이 나왔어요!

만약 프로그램을 실행했을 때 아래와 같은 화면이 나오면 '추가 정보'를 클릭한 후 활성화된 <실행> 단추를 눌러 문제를 해결할 수 있습니다.

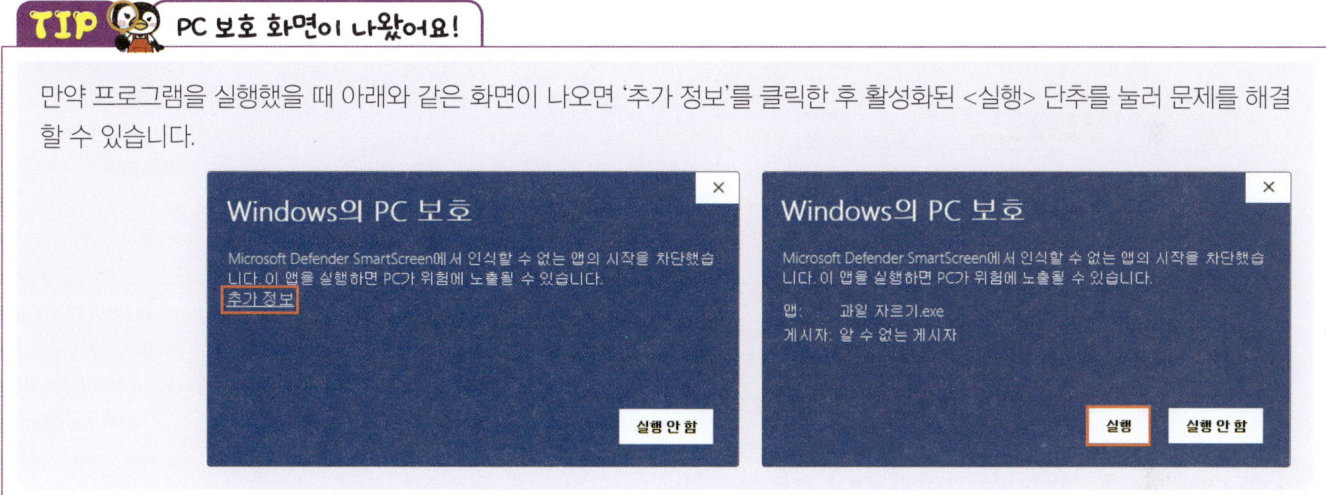

④ 다음과 같은 화면이 나왔을 때 <Save Score>를 누르면 점수가 저장되고, <Play>를 누르면 게임을 다시 시작할 수 있습니다.

⑤ 클릭 연습이 끝나면 <닫기(×)> 단추를 눌러 종료합니다.

Chapter 02 마우스와 친구되기 • **013**

03 마우스 드래그 연습하기

❶ [2일차] 폴더 안에 '공 굴리기'를 더블 클릭하여 실행합니다.

❷ 공 굴리기가 실행되면 <Play>를 클릭합니다.

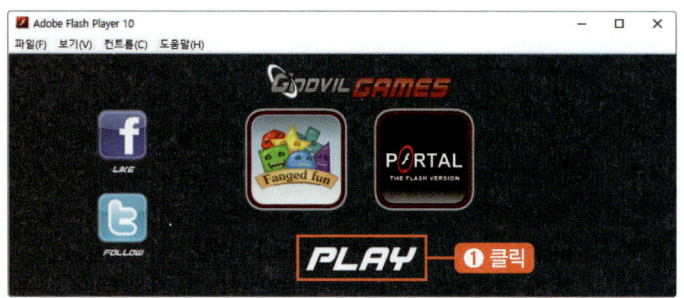 

TIP 공 굴리기는 어떤 프로그램인가요?

펜으로 공이 이동할 경로를 그린 후 공을 굴려 지정된 위치로 공이 이동하면 성공하는 게임입니다.
※ 경로를 그리는 잉크를 적게 사용할수록 높은 점수를 얻을 수 있으며, 별을 모아 다음 단계로 이동해요.

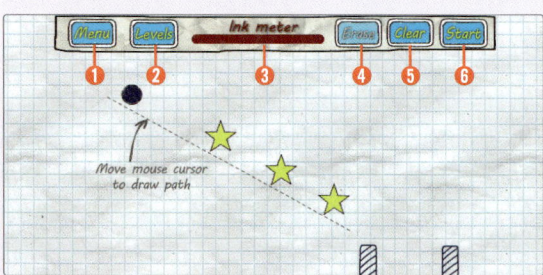

❶ Menu : 첫 화면으로 이동
❷ Levels : 단계 선택 화면으로 이동
❸ Ink meter : 남아 있는 잉크를 확인
❹ Erase : 펜을 한 단계 삭제
❺ Clear : 펜을 전체 삭제
❻ Start : 경로를 그린 후 공 굴리기 실행

❸ 2단계(레벨)를 선택하여 그림과 같이 경로를 그린 후 <Start>를 클릭합니다.

❹ <Next!>를 눌러 다음 단계로 이동할 수 있으며, 드래그 연습이 끝나면 <닫기(×)> 단추를 눌러 종료합니다.

CHAPTER 02 혼자서 뚝딱 뚝딱!

1 마우스 클릭 연습을 해보세요.

❶ [2일차] 폴더에서 '클릭 팜'을 실행합니다.

❷ <PLAY>를 클릭한 후 <Continue>를 눌러 게임을 시작합니다.

※ 땅을 계속 클릭하여 작물을 키운 후 보상 받은 돈으로 넓은 땅과 다양한 작물을 구매할 수 있어요!

2 마우스 드래그 연습을 해보세요.

❶ [2일차] 폴더에서 '과일 자르기'를 실행합니다.

❷ <PLAY>를 클릭한 후 <ARCADE>를 눌러 게임을 시작합니다.

※ 날아오는 과일들을 드래그하여 자를 수 있어요. 단, 장애물은 건드리지 않도록 주의해요!

CHAPTER 03 키보드와 친구되기

학 습 목 표

- 타자 프로그램을 이용하여 '낱말연습 1단계'를 연습해봅니다.
- 키보드에 손가락을 올리는 방법을 알아봅니다.
- 키보드의 여러 가지 키들은 각각 어떤 기능을 하는지 알아봅니다.

창의력 플러스

다음을 참고하여 빈 칸에 알맞은 글자를 적어보세요.

01 키보드 기본 자리 익히기

❶ 아래 그림을 참고하여 키보드에 손가락을 예쁘게 올려봅니다.

02 키보드 파헤치기

❶ [3일차] 폴더 안에 '특수키 송(주먹쥐고)' 파일을 실행시킨 후 노래를 따라 불러보세요.

키보드의 특수 키 알아보기!

① Esc (이에스씨) : 명령을 취소할 수 있어요.

② TAB (탭) : 8칸을 한 번에 띄울 수 있어요.

③ Caps Lock (캡스락) : 영문의 대문자 또는 소문자를 선택할 수 있어요.
※ (B)에서 활성화 상태를 확인할 수 있어요.

④ Space Bar (스페이스바) : 글자 사이의 공간을 띄울 수 있어요.

⑤ Shift (쉬프트) : 한글의 쌍자음 또는 특수문자를 입력할 수 있어요.
※ Shift 키는 동일한 모양으로 두 군데에 있어요.

⑥ Ctrl (컨트롤) / Alt (알트) : 혼자서는 사용할 수 없고, 다른 키와 조합하여 사용해요.
※ Ctrl / Alt 키는 각각 동일한 모양으로 두 군데에 있어요.

⑦ 한/영 : 한글 또는 영어로 전환할 수 있어요.

⑧ 한자 : 한글을 한자로 변경할 수 있어요.

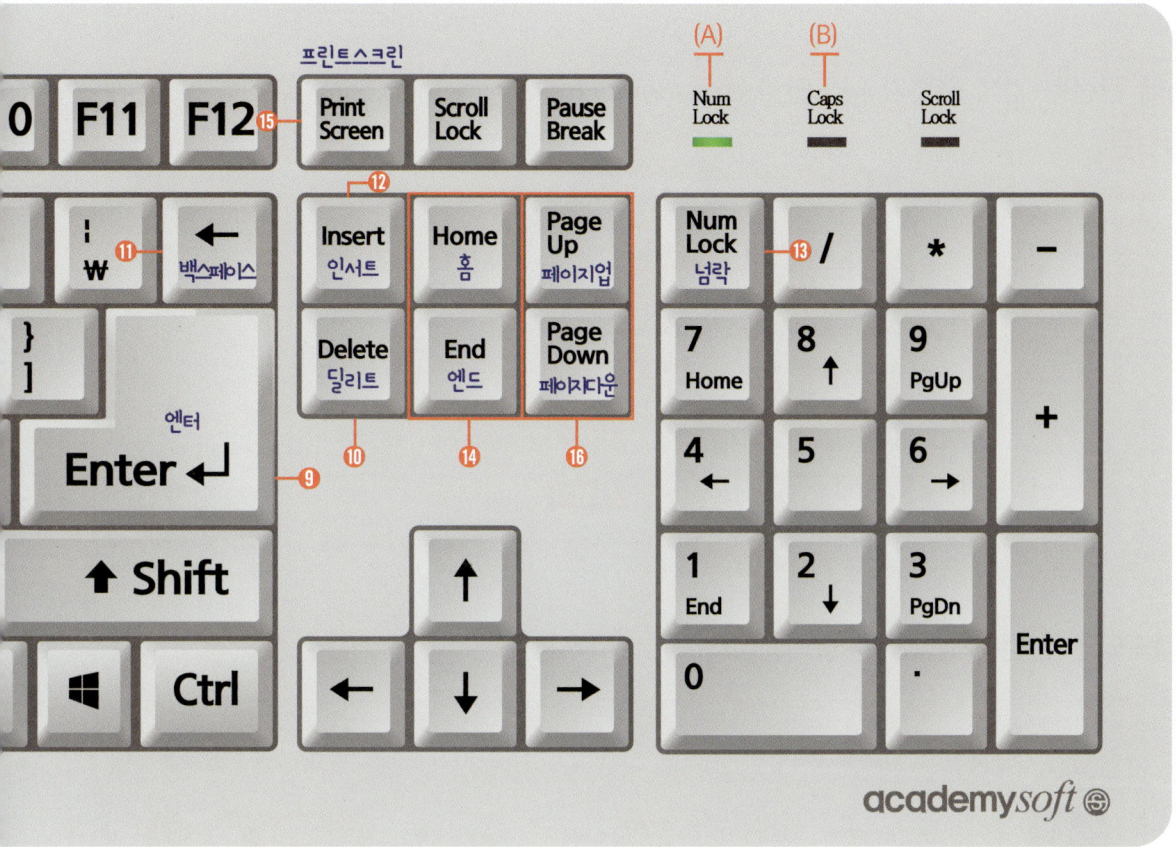

⑨ Enter (엔터) : 명령을 실행할 수 있어요.
   ※ 키패드의 오른쪽 하단에서는 길쭉한 모양의 Enter 키를 찾아볼 수 있어요.

⑩ Delete (딜리트) : 커서의 뒤쪽 글자를 삭제할 수 있어요.

⑪ Back space (백스페이스) : 커서의 앞쪽 글자를 삭제할 수 있어요.

⑫ Insert (인서트) : 삽입 또는 수정 상태로 변환할 수 있어요.

⑬ Num Lock (넘락) : 키패드를 숫자키 또는 방향키 상태로 변경할 수 있어요.
   ※ (A)에서 활성화 상태를 확인할 수 있어요.

⑭ Home (홈) / End (엔드) : 맨 앞쪽으로 이동 / 맨 뒤쪽으로 이동할 수 있어요.

⑮ Print Screen (프린트스크린) : 보이는 화면을 복사할 수 있어요.

⑯ Page Up (페이지 업) / Page Down (페이지 다운) : 페이지의 위치를 이동해요.

03 타자 연습하기

❶ [(시작)]-[Microsoft Edge( )] 앱을 실행시켜 주소 입력 칸에 '말랑말랑플랫폼'을 입력한 후 Enter 키를 누릅니다.

❷ 말랑말랑플랫폼에 관련된 검색 결과가 나오면 'https://www.malangmalang.com' 주소를 포함하는 사이트를 선택합니다.

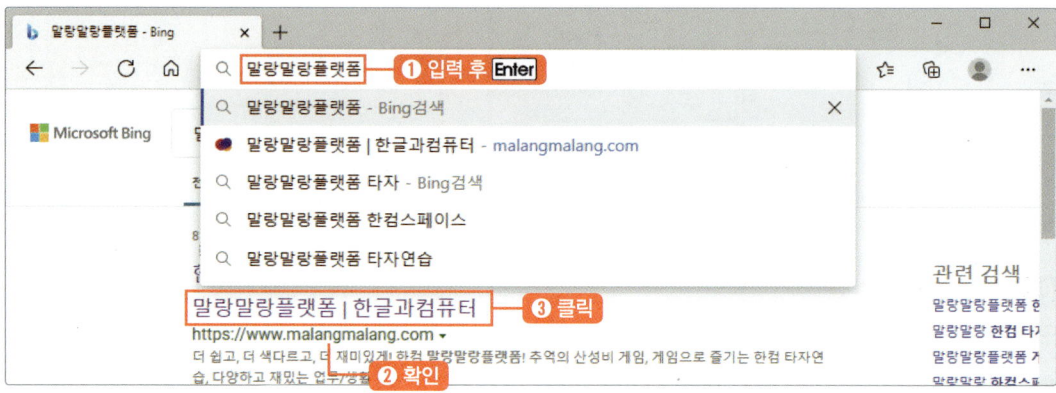

❸ 해당 사이트에 접속되면 [한컴타자] 메뉴를 클릭합니다.

❹ 새로운 창이 활성화되면 [한컴 타자연습]-[자리 연습]을 클릭한 후 자리 연습을 시작합니다.

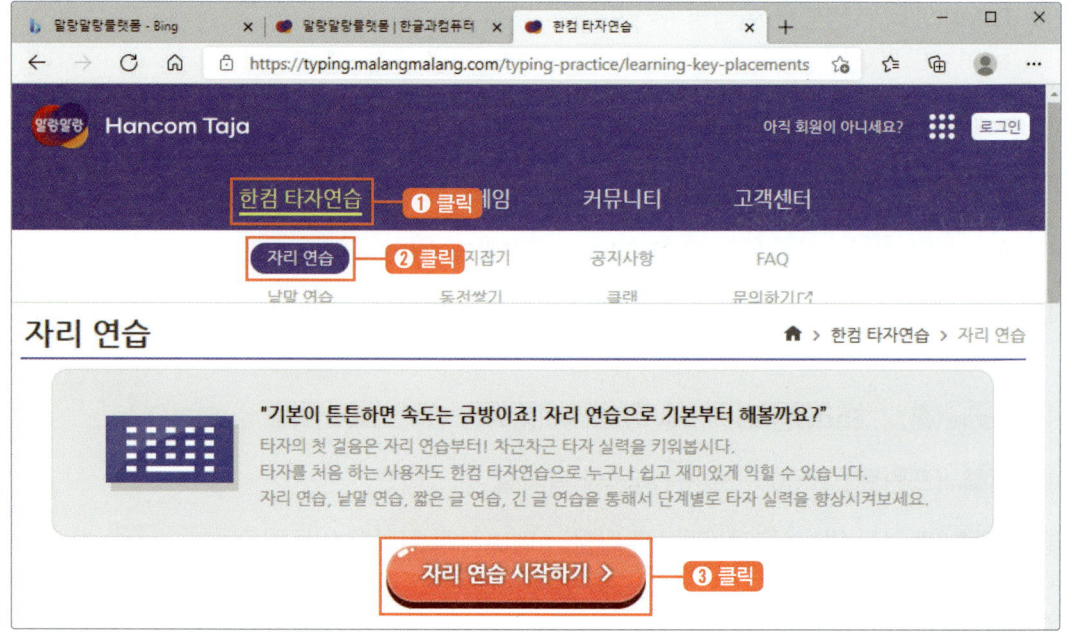

> **TIP 말랑말랑 플랫폼 이용하기**
>
> '로그인 하시겠습니까?' 창이 활성화되면 <취소>를 눌러 기본적인 타자 연습은 진행이 가능합니다. 단, 여러 가지 학습게임이 제한되거나 연습 기록/포인트 등을 이용할 수 없습니다.

⑤ 기본 자리에 손가락을 예쁘게 올린 후 타자를 연습합니다.

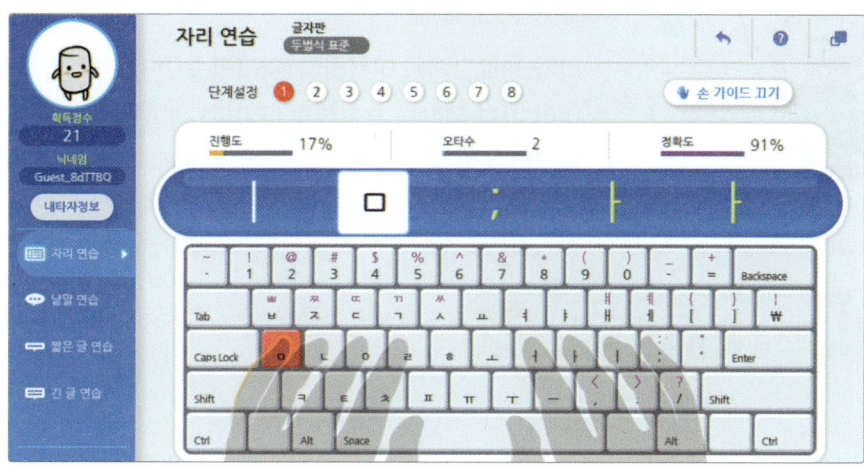

CHAPTER 03 혼자서 뚝딱 뚝딱!

1 특수키에 대한 기능으로 알맞은 것끼리 연결해보세요.

Enter (엔터)	• •	한글의 쌍자음 또는 특수문자를 입력
Shift (쉬프트)	• •	커서 앞쪽의 글자를 삭제
Delete (딜리트)	• •	명령을 실행
Caps Lock (캡스락)	• •	영문의 대문자 또는 소문자를 선택
Back Space (백스페이스)	• •	커서 뒤쪽의 글자를 삭제

2 말랑말랑 플랫폼 사이트의 [타자게임] 메뉴를 이용하여 다양하고 재미있는 학습 게임을 즐겨보세요.

CHAPTER 04 멋진 어린이 화가 되기

학습목표

- 타자 프로그램을 이용하여 '자리연습 2단계'를 연습해봅니다.
- 여러 가지 색상을 혼합했을 때 어떤 색이 만들어지는지 알아봅니다.
- 컬러믹서 프로그램(앱)을 이용하여 멋진 작품을 만들어봅니다.

창의력 플러스

1. 페인트 통의 물감을 서로 섞었을 때 과연 어떤 색상을 만들 수 있을까요?

2. 컴퓨터는 여러 개의 점(픽셀)들을 조합하여 그림이나 글자를 만들어요. 다음을 참고하여 색상을 칠해보세요. 어떤 그림이 완성될까요?

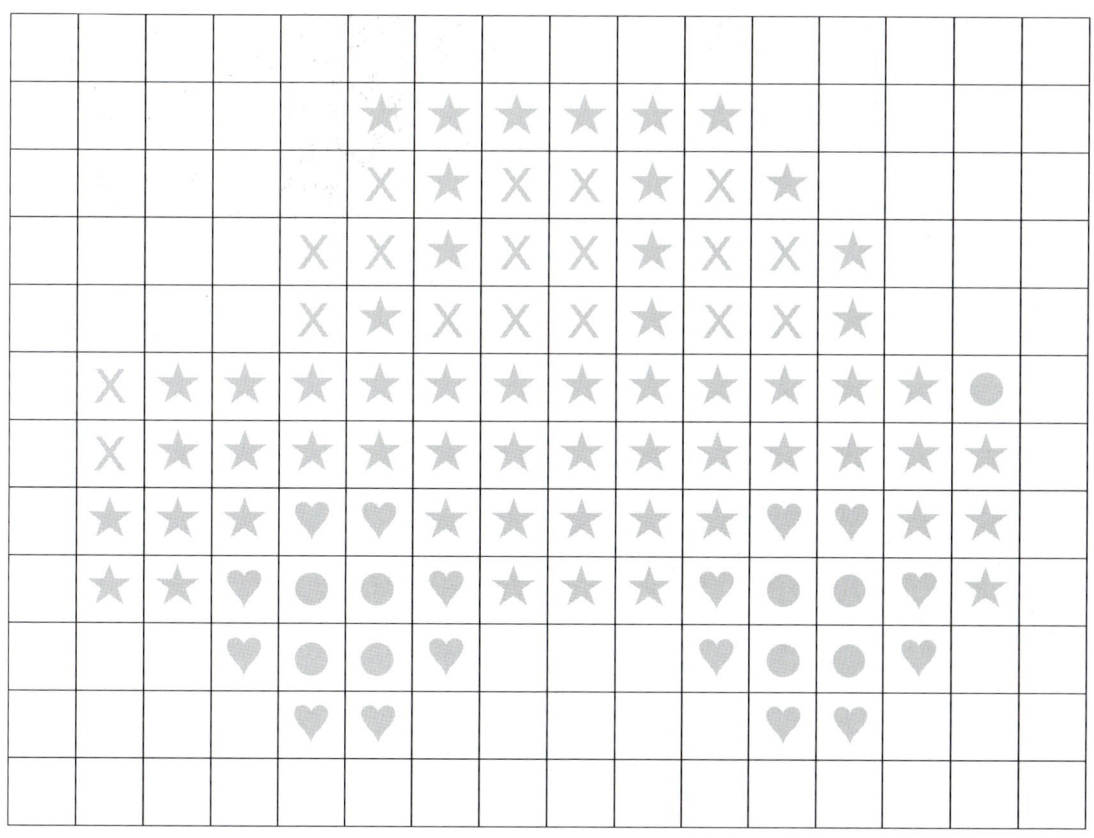

X = 연한 회색   ● = 노란색   ♥ = 진한 회색   ★ = 원하는 색상

Chapter 04 멋진 어린이 화가 되기

01 컬러믹서 프로그램(앱)을 실행하여 색상을 채워보기

❶ [4일차] 폴더 안에 'ColorMixerInstall'를 설치한 후 실행합니다.

> **TIP 컬러믹서 프로그램(앱)은 어떻게 설치하나요?**
>
> [4일차] 폴더 안에 'ColorMixerInstall' 파일을 더블 클릭한 후 Accept 단추와 Install 단추를 순서대로 눌러 간단하게 설치할 수 있습니다.

❷ 하단의 ◀ 또는 ▶ 단추를 눌러 원하는 그림을 선택합니다.

❸ 파란색 페인트를 선택한 후 컵에 담아줍니다.

❹ 노란색 페인트를 선택한 후 컵에 담으면 색상이 혼합되면서 초록색을 만들 수 있습니다.

❺ 적당한 농도의 색이 만들어지면 그림에서 원하는 부분을 클릭하여 색상을 칠할 수 있습니다.

❻ ✖ 단추를 눌러 컵을 깨끗하게 비운 후 새로운 색을 만들어봅니다.

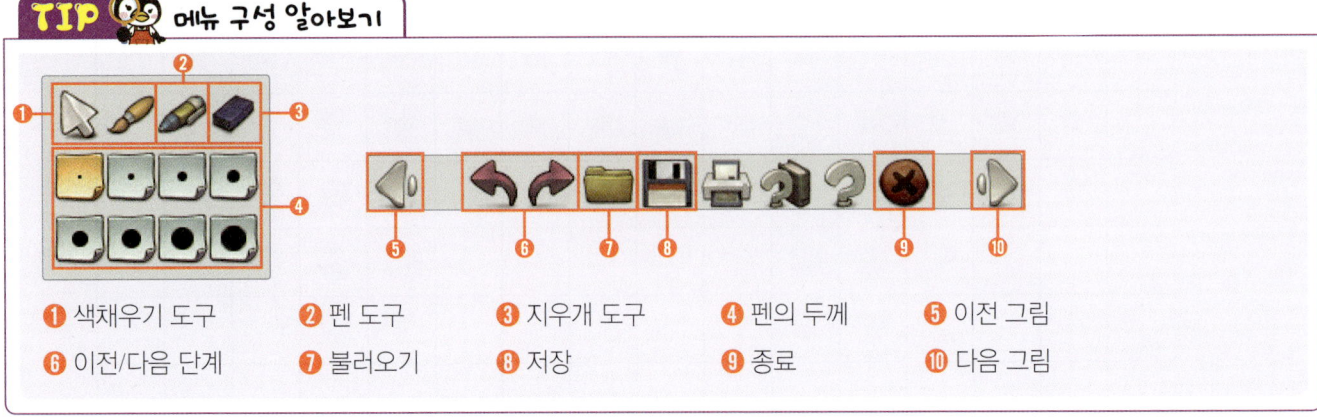

02 작품 완성하기

① 배운 기능을 참고하여 작품을 완성한 후 💾 단추를 눌러 저장해봅니다.
  ※ 컬러믹서 프로그램(앱)이 종료되었을 경우 바탕화면의 'ColorMixer2'를 더블 클릭하여 다시 실행할 수 있어요.

CHAPTER 04 혼자서 뚝딱 뚝딱!

① 다음과 같은 색상을 만들기 위해서는 어떤 색상의 페인트를 혼합해야 할까요? 알맞은 색에 연결해 보세요! (힌트 : 두 가지의 색이 필요해요.)

CHAPTER 05
파일과 폴더의 개념 알아보기

학습목표

- 타자 프로그램을 이용하여 '자리연습 2단계'를 연습해봅니다.
- 파일과 폴더의 개념을 알아봅니다.
- 새로운 폴더를 만들어서 폴더 안에 파일을 정리해봅니다.

배울 내용 미리보기!

파일이란 무엇일까요?

그게 뭐??..

컴퓨터를 여러분의 '방' 이라고 생각해 보세요. 방에는 옷, 장난감, 책 등이 여기저기 흩어져 있지요?

방 안에 흩어진 물건은 컴퓨터 안의 파일과 비슷하다고 볼 수 있어요. 흩어진 물건들은 어떻게 정리를 할 수 있을까요?

책은 책꽂이에!
인형은 장난감 박스에!
옷이나 모자는 서랍에!

매우완벽

훌륭해요! 컴퓨터에서도 비슷한 파일들을 모아서 각각의 폴더에 정리해 놓는다면 원하는 파일을 빠르게 찾을 수 있겠지요?

창의력 플러스

동물의 종류는 포유류, 조류, 파충류 등으로 구분할 수 있어요. 아래 동물(파일)들을 분류 기준(폴더)에 맞추어 선으로 연결해보세요.

01 새 폴더 만들기

❶ [5일차] 폴더를 열어 다양한 그림 파일들을 확인해봅니다.

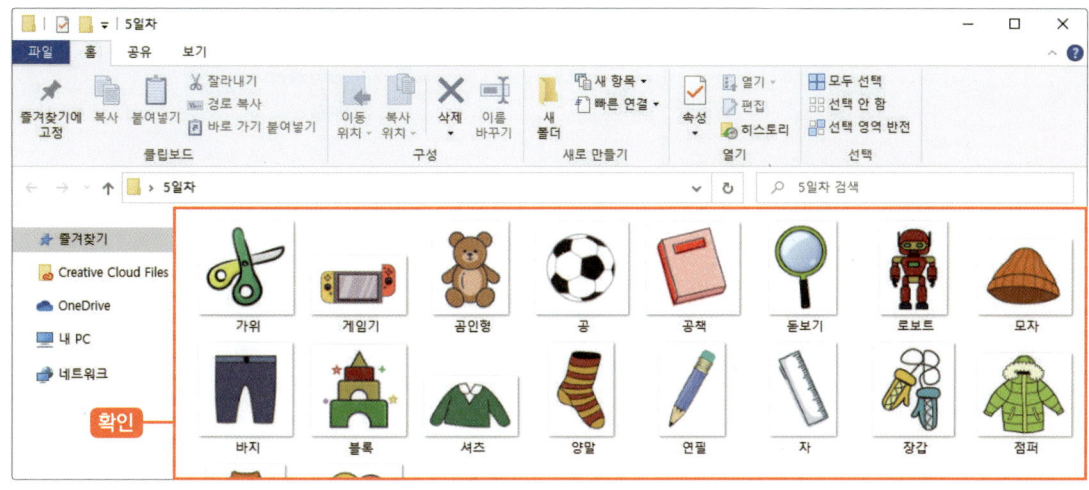

TIP 그림들이 보이지 않아요!

파일의 그림(미리보기)이 보이지 않을 경우에는 화면의 빈 곳 위에서 마우스 오른쪽 버튼을 눌러 [보기]-[큰 아이콘]을 클릭하여 해당 파일이 어떤 그림인지 미리 확인할 수 있습니다.

❷ [5일차] 폴더의 빈 곳 위에서 마우스 오른쪽 버튼을 눌러 [새로 만들기]-[폴더]를 클릭합니다.

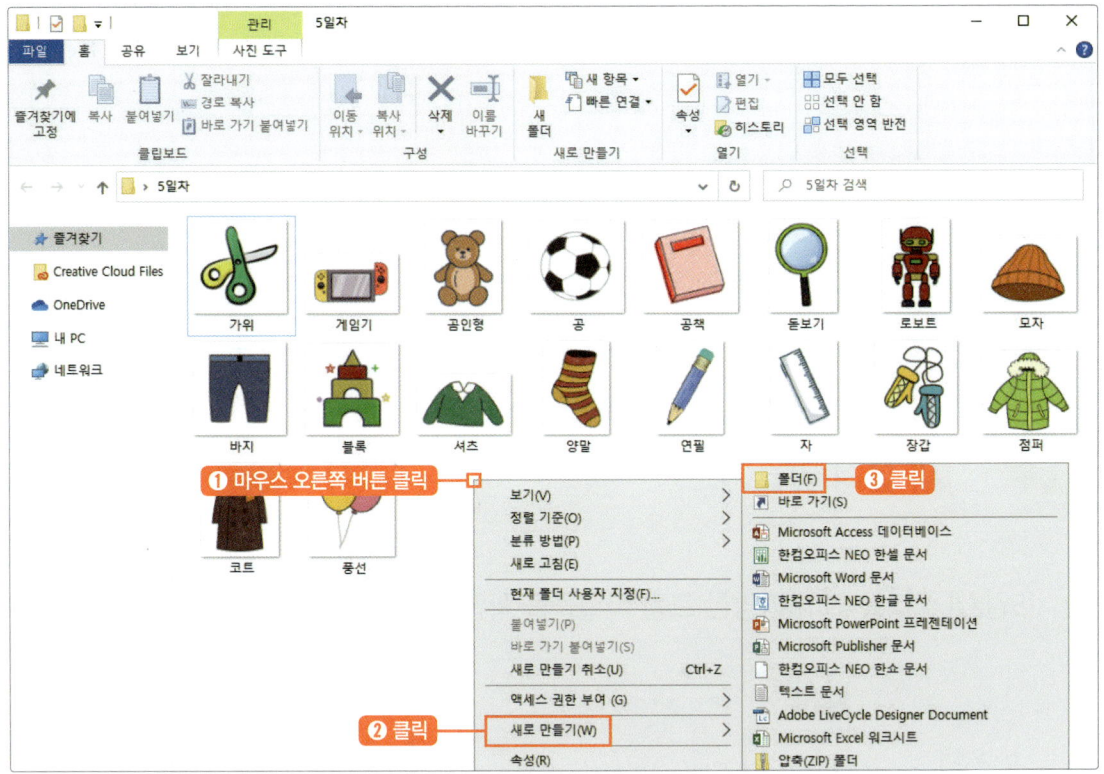

❸ 새롭게 만들어진 폴더의 이름(예 : 새 폴더)이 블록으로 지정된 상태에서 '장난감'으로 이름을 변경한 후 Enter 키를 누릅니다.

※ 폴더 이름에 블록 지정이 해제되었을 경우에는 폴더 위에서 마우스 오른쪽 버튼을 눌러 [이름 바꾸기]를 클릭한 후 다시 작업해보세요.

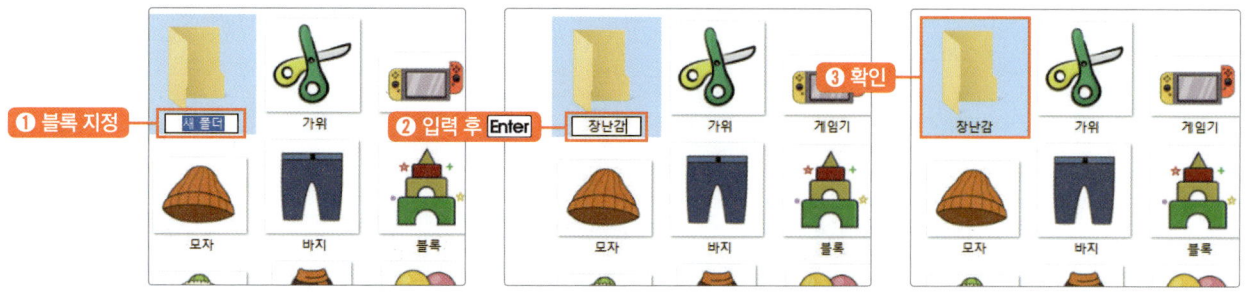

❹ 아래 그림과 동일한 이름으로 두 개의 폴더를 추가해봅니다.

TIP 폴더 또는 파일 정렬하기

● 정렬이란 특별한 조건에 맞추어 파일의 순서를 정리하는 것을 말합니다.
● 화면 빈 곳 위에서 마우스 오른쪽 버튼을 클릭한 후 [정렬 기준]에서 [이름], [날짜], [유형], [크기] 등을 기준으로 파일을 정렬할 수 있습니다.

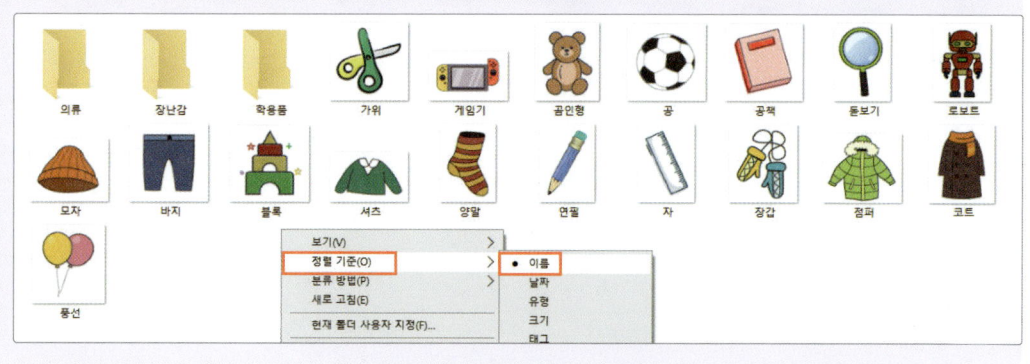

02 파일을 폴더 안에 담기

① '가위' 그림 파일을 [학용품] 폴더로 드래그하여 이동시킵니다.

　※ F5 키(새로고침)를 눌러 [학용품] 폴더에 '가위' 이미지가 들어간 것을 미리 보기로 확인할 수 있어요.

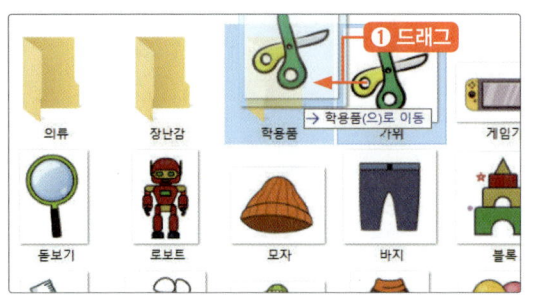 

② 동일한 방법으로 모든 그림들을 알맞은 폴더 안으로 이동시킵니다.

③ 각각의 폴더를 열어 그림 파일들이 지정된 폴더로 잘 이동했는지 확인해봅니다.

　※ ←(뒤로 가기) 단추를 눌러 이전 폴더로 돌아갈 수 있어요.

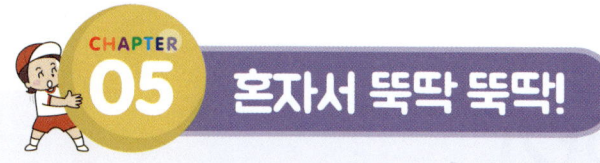

① [5일차] 폴더 안에 내 이름의 폴더를 새롭게 추가해보세요.

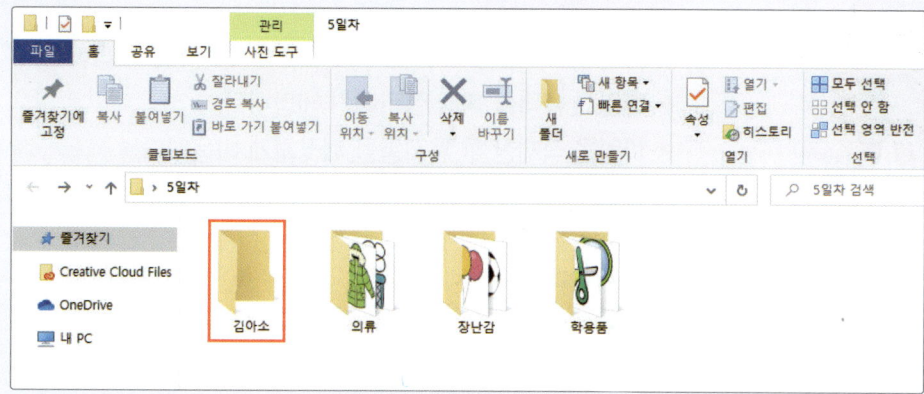

② 추가된 [김아소](내 이름) 폴더에 [의류], [장난감], [학용품] 폴더를 모두 이동시켜보세요.

※ [의류], [장난감], [학용품] 폴더를 이동시킨 후 F5 키를 누르면 [김아소](내이름)폴더의 모양이 변경돼요.

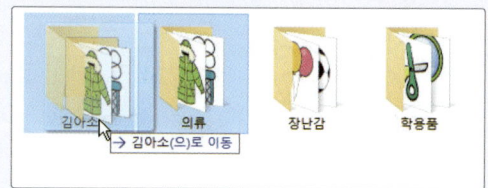 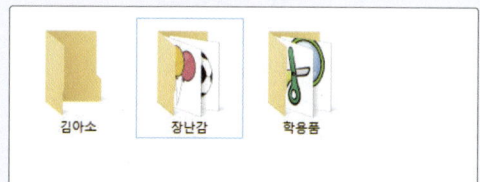

▲ [의류] 폴더를 [김아소](내이름) 폴더로 드래그하여 이동

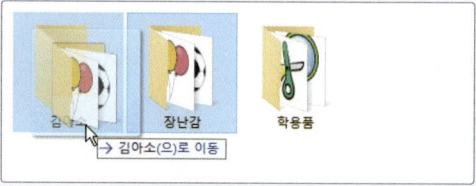 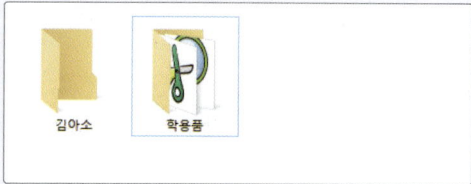

▲ [장난감] 폴더를 [김아소](내이름) 폴더로 드래그하여 이동

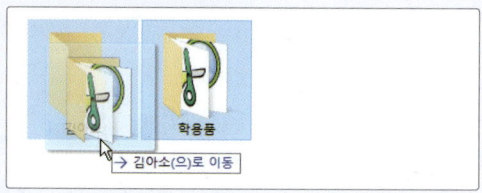 

▲ [학용품] 폴더를 [김아소](내이름) 폴더로 드래그하여 이동

CHAPTER 06 파일과 폴더 정복하기

학습목표

- 타자 프로그램을 이용하여 '낱말연습 2단계'를 연습해봅니다.
- 파일과 폴더를 복사/잘라내기 해봅니다.
- 파일을 삭제한 후 휴지통을 깨끗하게 비웁니다.

배울 내용 미리보기!

컴퓨터에서 의미하는 '복사'와 '붙여넣기'란 무엇일까요?

이정도는 상식이지!

복사는 프린터로 출력하는 거고요,

붙여넣기는 종이를 테이프로 붙이는 거예요!

여기가 맞나?

컴퓨터에서 의미하는 '복사'란, 파일이나 폴더를 똑같이 하나 더 만드는 것을 의미해요~!!

'복사'했던 파일을 원하는 위치에 똑같이 만들기 위해서는 반드시 '붙여넣기'를 작업해야 해요.

TIP
'잘라내기'를 이용하면 파일이나 폴더를 이동시킬 수 있어요. 잘라내기 방법은 '복사 → 붙여넣기'와 비슷하며, '잘라내기 → 붙여넣기' 순서로 작업한답니다!

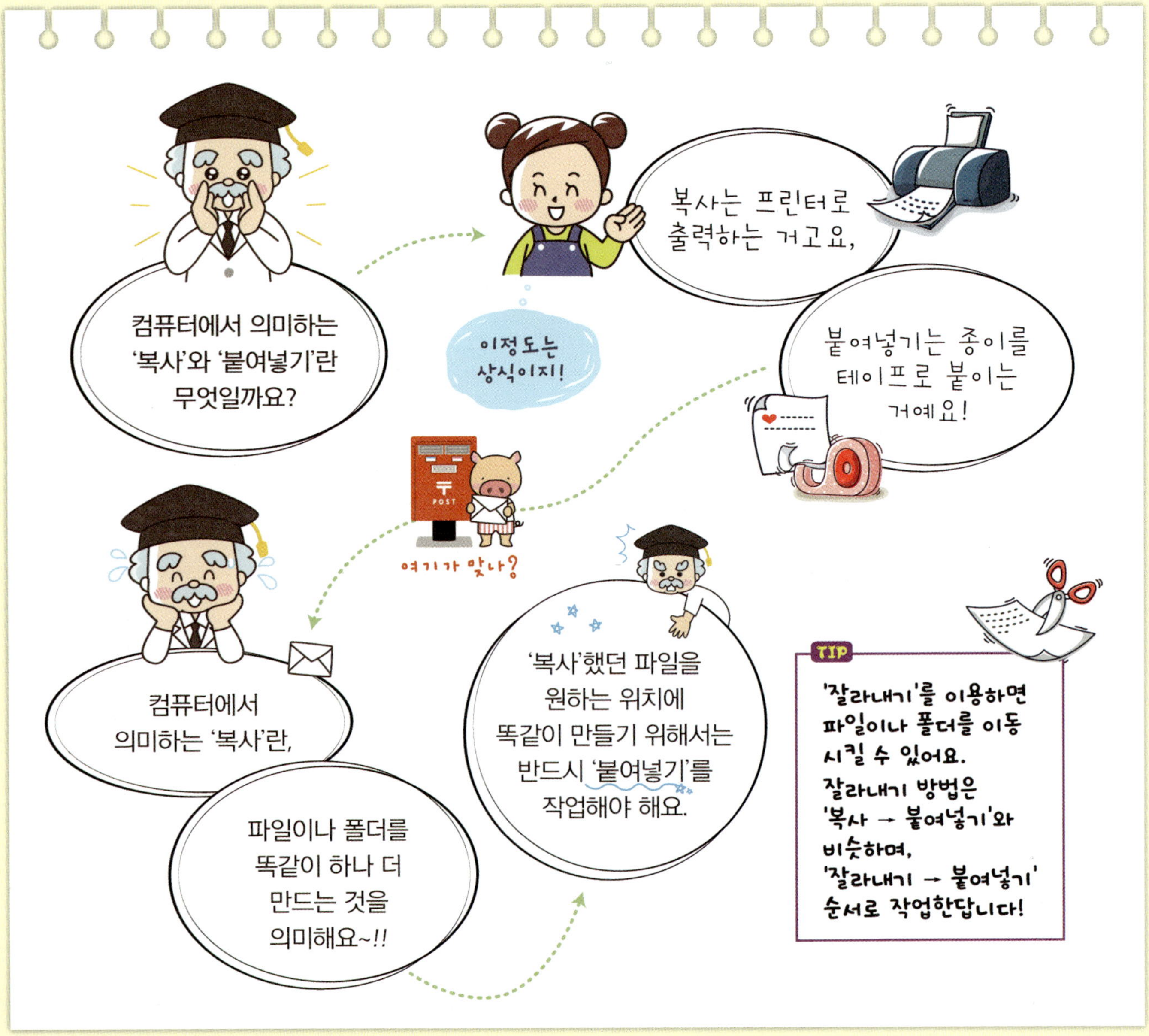

창의력 플러스

아래 그림을 보고 컴퓨터와 관련된 단어들을 찾아 표시해보세요.
※ 단어 목록에는 없지만 새로운 단어를 찾았다면 오른쪽 아래 빈 칸에 적어보세요.

카	선	성	중	두	자	비	사	원	동	팔
폴	스	구	이	용	키	소	대	삼	도	셋
더	네	복	모	항	프	관	파	당	수	우
비	우	동	니	린	정	연	일	박	김	최
칠	안	리	터	람	쥐	야	누	마	우	스
겨	을	장	마	온	타	자	나	부	여	섯
당	백	휴	반	악	풍	둘	다	얌	돌	파
잡	크	설	지	바	선	본	구	생	화	바
공	정	키	진	통	가	이	체	오	방	탕
육	보	하	빙	일	너	후	한	디	나	화
드	대	북	기	스	피	커	강	오	잘	면

- 본체
- 모니터
- 키보드
- 마우스
- 프린터
- 스피커
- 폴더
- 파일
- 휴지통
- 바탕화면
- 타자
- 윈도우

 01 그림 파일 복사하기

❶ [6일차] 폴더를 열어 '선물' 그림 파일 위에서 마우스 오른쪽 버튼을 눌러 [복사]를 클릭합니다.
※ 파일을 선택한 후 Ctrl+C 키를 눌러 복사하는 방법도 있어요.

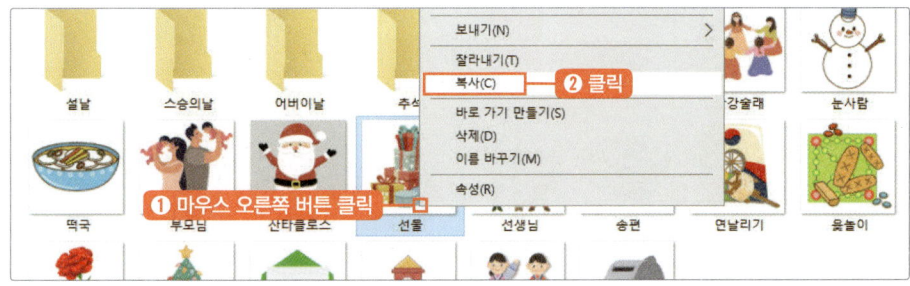

❷ [크리스마스] 폴더를 더블 클릭한 후 빈 곳 위에서 마우스 오른쪽 버튼을 눌러 [붙여넣기]를 선택합니다.
　※ Ctrl + V 키를 눌러 붙여넣는 방법도 있어요.

❸ ← (뒤로 이동) 단추를 클릭하여 [6일차] 폴더로 이동한 후 '선물' 그림 파일이 복사된 것을 확인합니다.

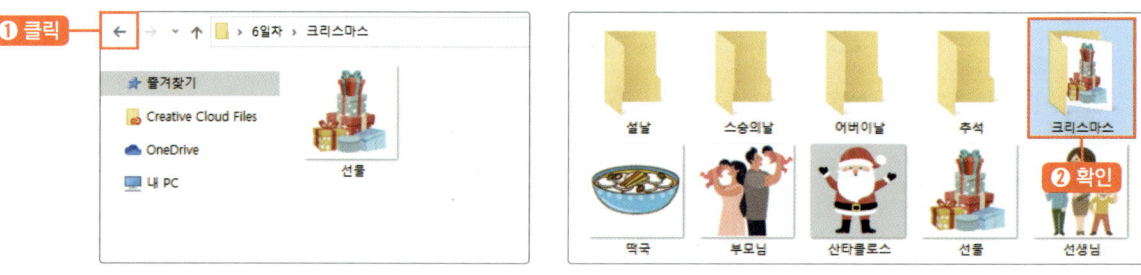

TIP 더 빠르게 파일을 복사해보자!

Ctrl 키를 누른 채 '선물' 그림 파일을 [크리스마스] 폴더로 드래그하여 한 번에 파일을 복사할 수 있습니다.

02 그림 파일 잘라내기

① [6일차] 폴더의 '떡국' 그림 파일 위에서 마우스 오른쪽 버튼을 눌러 [잘라내기]를 클릭합니다.
   ※ 파일을 선택한 후 Ctrl+X 키를 눌러 잘라내는 방법도 있어요.

② [설날] 폴더를 더블 클릭한 후 빈 곳 위에서 마우스 오른쪽 버튼을 눌러 [붙여넣기]를 선택합니다.
   ※ Ctrl+V 키를 눌러 붙여넣는 방법도 있어요.

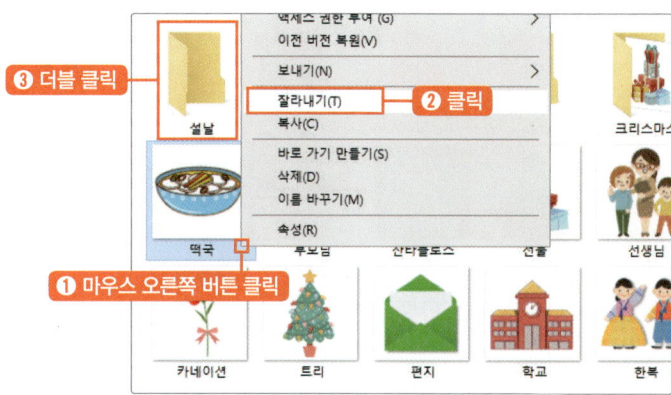
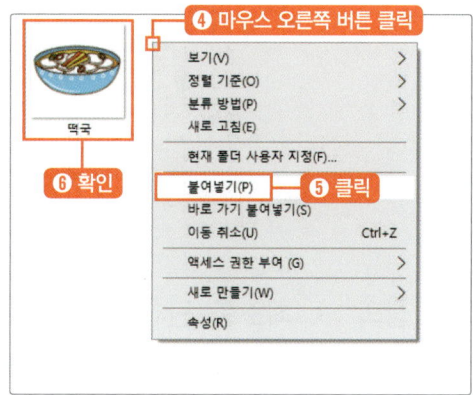

③ ←(뒤로 이동) 단추를 클릭하여 [6일차] 폴더로 이동한 후 '떡국' 그림 파일이 사라진 것을 확인합니다.

TIP 잘라내기 기능에 대해 알아보자!

잘라내기 기능은 파일을 컴퓨터의 특정 공간에 임시로 이동시키는 기능으로 파일이 삭제되지는 않습니다. 복사를 이용하면 여러 곳에 동일한 파일을 복제하여 옮길 수 있지만 지정된 한 곳에만 파일을 이동시키기 위해서는 잘라내기 기능을 이용하도록 합니다.

03 그림 파일을 삭제한 후 휴지통 비우기

❶ 불필요한 파일을 삭제하기 위해 '호루라기' 그림 파일 위에서 마우스 오른쪽 버튼을 눌러 [삭제]를 클릭합니다.

※ 파일을 선택한 후 Delete 키를 눌러 삭제하는 방법도 있어요.

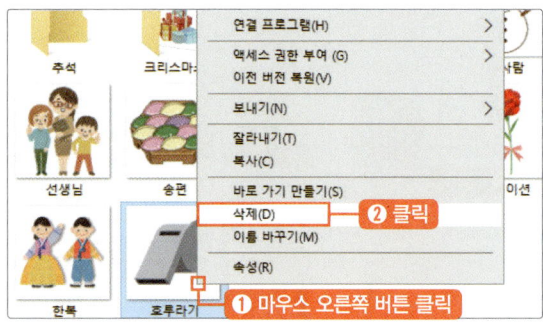

❷ 창의 ─ (최소화) 단추를 눌러 바탕화면이 표시되면 '휴지통' 아이콘을 더블 클릭합니다.

TIP 휴지통 아이콘 모양의 변화

▲ 휴지통이 비어있는 경우 　　　　　　▲ 휴지통에 파일이 있는 경우

③ 휴지통 안의 삭제된 '호루라기' 그림 파일을 선택한 후 [휴지통 도구] 탭에서 휴지통 비우기(🗑)를 클릭하여 파일을 완전히 삭제합니다.

※ [휴지통 도구] 탭에서 선택한 항목 복원(📄)을 클릭하면 선택된 파일이 마지막 위치로 이동(복원)될 거예요!

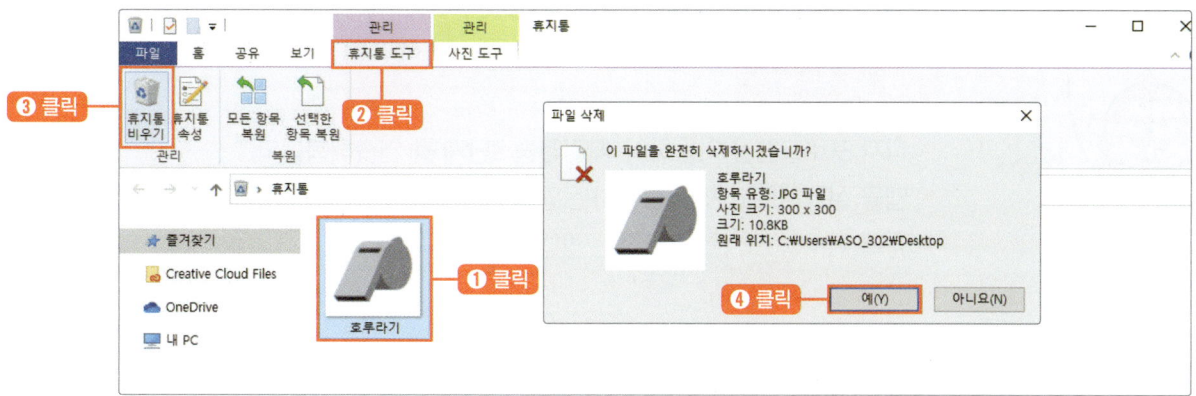

CHAPTER 06 혼자서 뚝딱 뚝딱!

① 이동/복사/잘라내기/삭제 등의 기능을 활용하여 [6일차] 폴더 안에 다양한 그림 파일들을 각각의 기념일 폴더로 옮겨보세요.

② 매년 날짜가 변경되는 기념일은 무엇인지 생각해본 후 해당 폴더를 삭제해보세요.
(힌트 : 우리나라 명절은 매년 날짜가 조금씩 달라져요.)

③ 바탕화면의 '휴지통(🗑)'을 깨끗하게 비워보세요.
※ 휴지통 아이콘 위에서 마우스 오른쪽 버튼을 눌러 [휴지통 비우기]를 선택하는 방법도 있답니다!

CHAPTER 07
앱 실행 및 창 가지고 놀기

학습목표
- 타자 프로그램을 이용하여 '자리연습 3단계'를 연습해봅니다.
- 앱을 실행해보고 자주 사용하는 앱을 시작 화면에 고정시킵니다.
- 창의 위치와 크기를 조절하는 방법을 알아봅니다.

배울 내용 미리보기!

창의력 플러스

앱이란 컴퓨터 또는 스마트폰에서 실행되는 응용 프로그램들을 말해요. 친구들의 스마트폰에는 어떤 앱들이 설치되어 있나요? 아래 그림을 보고 어떤 앱인지 맞춰보세요.
(힌트 : 1~5 앱은 스마트폰에서, 6~8 앱은 컴퓨터에서 찾아볼 수 있어요.)

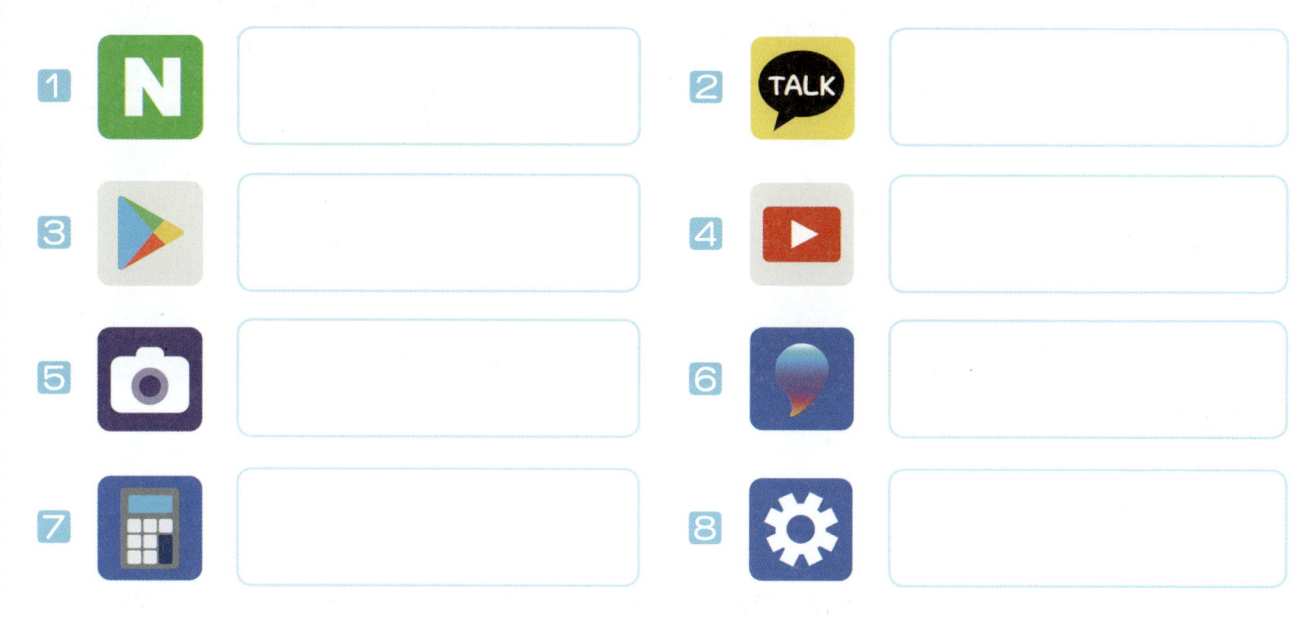

---

01 앱 실행하기

❶ [▦(시작)] 단추를 클릭한 후 스크롤 바를 아래쪽으로 내려 [날씨()] 앱을 선택합니다.

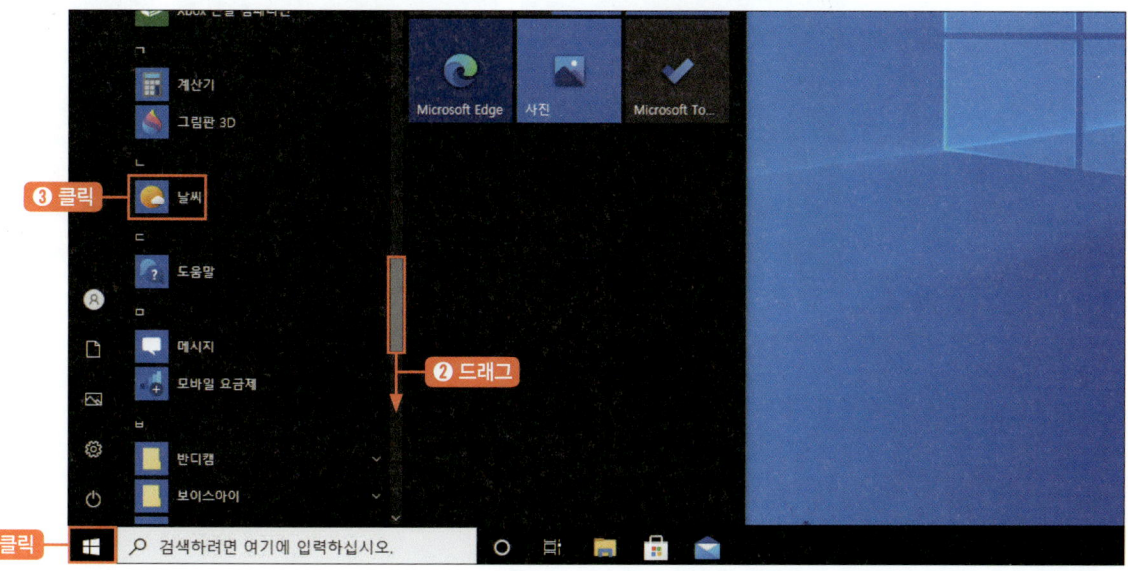

Chapter 07 앱 실행 및 창 가지고 놀기 • 039

❷ [날씨(　)] 앱이 실행되면 오른쪽 '검색' 입력 칸에 원하는 지역의 이름을 입력한 후 해당 지역의 날씨를 확인해 봅니다.

❸ 앱을 살펴본 후 　(닫기)를 눌러 앱을 종료합니다.

TIP 앱을 빠르게 찾을 수 있는 방법

- [　(시작)] 단추 오른쪽 검색 칸(　)에 앱의 이름을 직접 입력(　)하여 쉽게 찾을 수 있습니다.
- [　(시작)] 단추를 눌러 전체 앱 목록이 나오면 '알파벳' 또는 '한글 자음'을 눌러 원하는 앱을 쉽게 선택할 수 있습니다.

  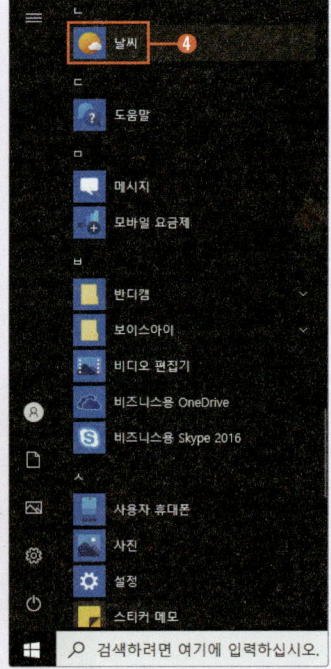

02 앱을 시작 화면에 고정시키기

① [(시작)] 단추를 클릭한 후 [날씨()] 앱 위에서 마우스 오른쪽 버튼을 눌러 [시작 화면에 고정]을 클릭합니다.

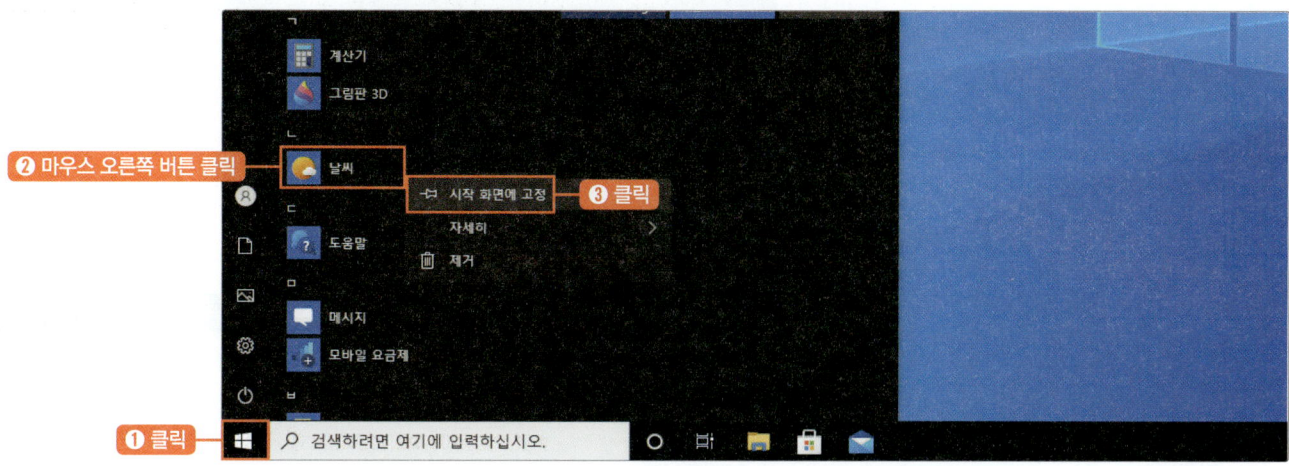

② 선택한 앱이 고정되면 동일한 방법으로 필요한 앱을 시작 화면에 고정시킵니다.

※ 앱을 오른쪽 타일로 끌어다 놓으면 더욱 빠른 방법으로 앱을 고정시킬 수 있어요.

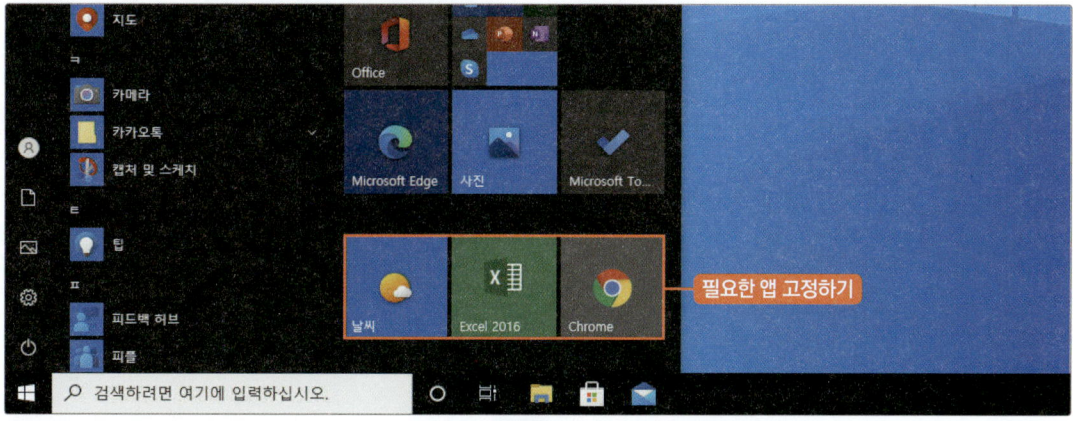

TIP 시작화면에 고정된 앱을 제거하기

시작 화면에 고정된 앱 중 제거하려는 앱 위에서 마우스 오른쪽 버튼을 눌러 [시작 화면에서 제거]를 클릭합니다.

03 창 크기 조절하기

① [■(시작)] 단추를 클릭하여 [메모장(📔)] 앱을 선택합니다.

② [메모장(📔)] 앱이 실행되면 오른쪽 테두리에 마우스 포인터를 올려놓고 드래그하여 창의 크기를 조절합니다.

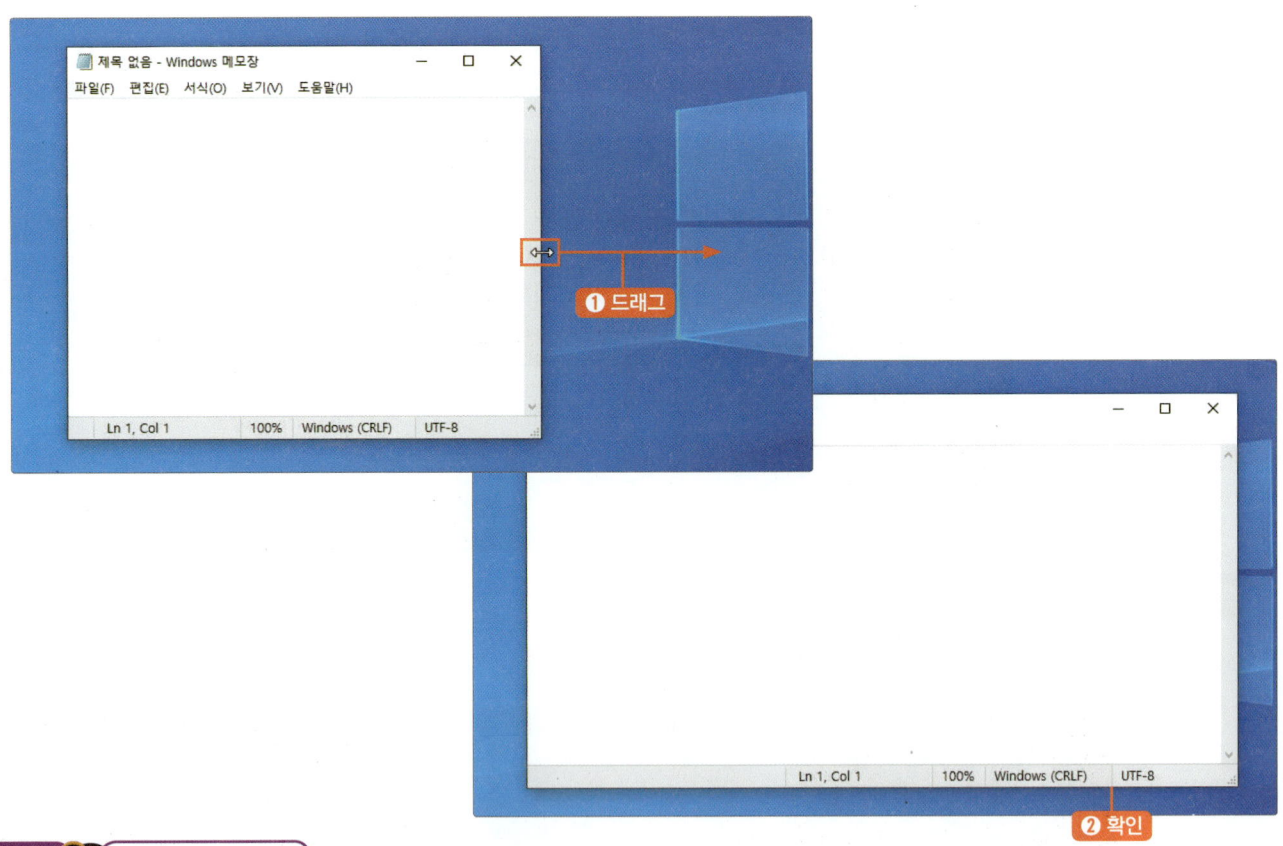

TIP 창의 크기 조절

마우스 포인터를 창의 테두리에 올려놓으면 위치에 따라서 마우스 포인터의 모양이 바뀌며 해당 방향으로 드래그하여 창의 크기를 조절할 수 있습니다.

- 수직(상하) 크기 조절 ↕
- 수평(좌우) 크기 조절 ↔
- 대각선 방향 크기 조절 ⤡, ⤢

TIP 창 조절 단추(- □ ×)

❶ **최소화(-) 단추** : 창의 크기가 최소화되며 해당 앱은 작업 표시줄에서 확인할 수 있습니다.

❷ **최대화(□) 단추** : 창의 크기를 모니터 크기에 맞추어 확대합니다. 최대화된 창의 크기를 원래 크기로 변경하려면 '이전 크기로 복원(▫)'을 클릭합니다.

❸ **닫기(×) 단추** : 현재 열려 있는 창을 닫습니다.

CHAPTER 07 혼자서 뚝딱 뚝딱!

① 시작 화면에 고정된 앱들을 하나의 그룹으로 묶어보세요.

❶ 시작 화면에 고정된 앱 위쪽으로 마우스 포인터를 이동시킵니다.

❷ 그룹 이름 지정이 활성화되면 해당 입력칸을 클릭하여 원하는 그룹명을 입력합니다.

② 원하는 앱을 실행한 후 (윈도우) 키를 누른 상태에서 방향키(↑, ↓, ←, →)를 누르면 창의 크기가 어떻게 변하는지 확인한 후 간단하게 적어보세요.

❶ 윈도우 키(⊞) + 왼쪽 방향키(←)

❷ 윈도우 키(⊞) + 오른쪽 방향키(→)

❸ 윈도우 키(⊞) + 위쪽 방향키(↑)

❹ 윈도우 키(⊞) + 아래쪽 방향키(↓)

단원 종합 평가 문제

학 습 목 표

- 타자 프로그램을 이용하여 '자리연습 3단계'를 연습해봅니다.
- 1일차~7일차에서 배운 내용을 평가해봅니다.

선생님 확인	부모님 확인

1 다음 중 컴퓨터 주변장치에 해당하지 않는 것은 무엇일까요?

① 마우스　　② 모니터　　③ 키보드　　④ 폴더

2 다음 중 마우스 조작 방법에 대한 설명으로 잘못된 것은 무엇일까요?

① 클릭 : 검지를 이용하여 마우스 왼쪽 버튼을 눌러요.
② 더블 클릭 : 검지를 이용하여 마우스 왼쪽 버튼을 빠르게 두 번 눌러요.
③ 드래그 : 검지로 마우스 오른쪽 단추를 누른 채 이동할 위치로 마우스를 움직여요.
④ 휠 : 마우스 휠을 위/아래로 굴려서 화면을 위/아래로 이동시킬 수 있어요.

3 파일 또는 폴더를 삭제했을 때 임시로 이동하는 공간은 어디일까요?

① 스크롤　　② 시작 화면　　③ 에티켓　　④ 휴지통

4 창의 크기를 최소화할 때 사용하는 단추는 무엇일까요?

① ▢　　② －　　③ ×　　④ ❒

5 Win10에서 사용되는 응용 프로그램들을 무엇이라고 할까요?

① 앱　　② 파일　　③ 폴더　　④ 아이콘

6 그림 속에 숨어 있는 컴퓨터의 주변장치들을 찾아 표시해보세요.
- 숨은 그림 : 모니터, 본체, 마우스, 키보드, 프린터

7 맛있는 간식의 이름을 키보드로 입력하려고 해요. 빈 칸에 알맞은 자음 또는 모음을 조합해본 후 완성된 단어를 적어보세요.

① ㅍ ㅣ ㅈ □   ② ㅁ ㅏ ㄴ □ ㅜ

③ ㄸ □ ㄱ ㅗ ㄲ ㅇ □

Chapter 08 단원 종합 평가 문제 • 045

CHAPTER 09 캐릭터 그려보기

학습목표

- 타자 프로그램을 이용하여 '낱말연습 3단계'를 연습해봅니다.
- 그림판 3D 앱을 이용하여 그림을 불러옵니다.
- 다양한 도구를 활용하여 캐릭터를 완성해봅니다.

창의력 플러스

캐릭터를 그릴 때는 눈썹, 눈, 코, 입 등의 모양을 변경하여 다양한 표정을 만들 수 있어요. 아래 캐릭터의 행동을 보고 어떤 상황인지 간단하게 적어본 후 상황에 알맞은 표정을 그려보세요.

01 그림판 3D 앱에 그림 파일을 불러오기

❶ [⊞(시작)]-[그림판 3D()] 앱을 실행시킵니다.

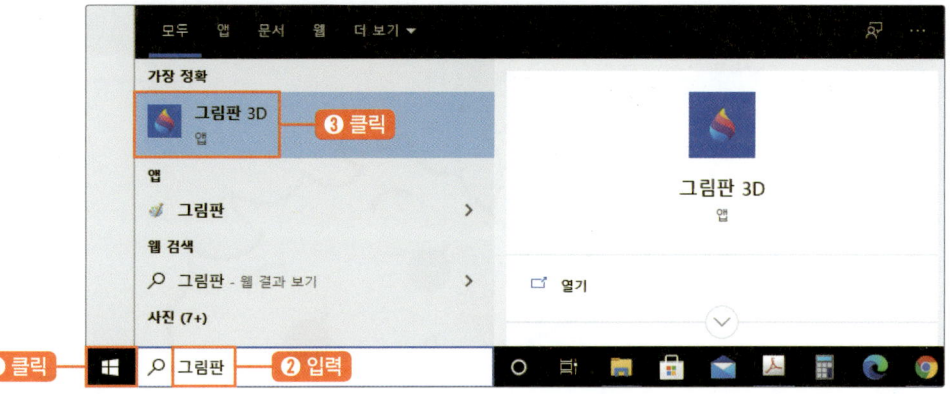

❷ 아래와 같은 화면이 표시되면 [열기(□)]를 클릭합니다. 새로운 창이 열리면 <파일 찾아보기> 단추를 눌러 [9일차]-'그림판_컴놀캐릭터' 파일을 불러옵니다.

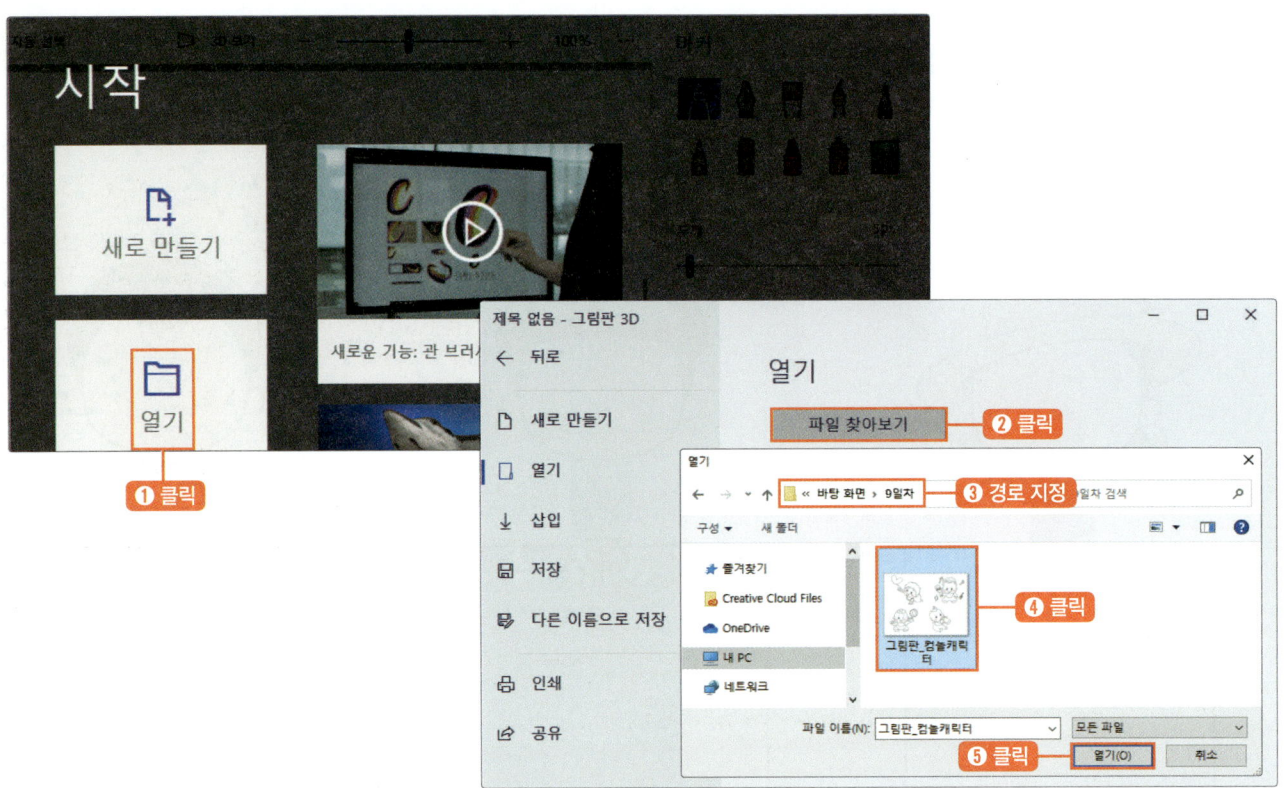

02 채우기 도구를 이용하여 그림 색칠하기

❶ 불러온 그림을 크게 확대한 후 캐릭터의 얼굴이 보이도록 위치를 조절합니다.

❷ [브러시( )]-채우기(■) 도구를 클릭한 후 허용 오차를 '40%' 정도로 지정합니다.

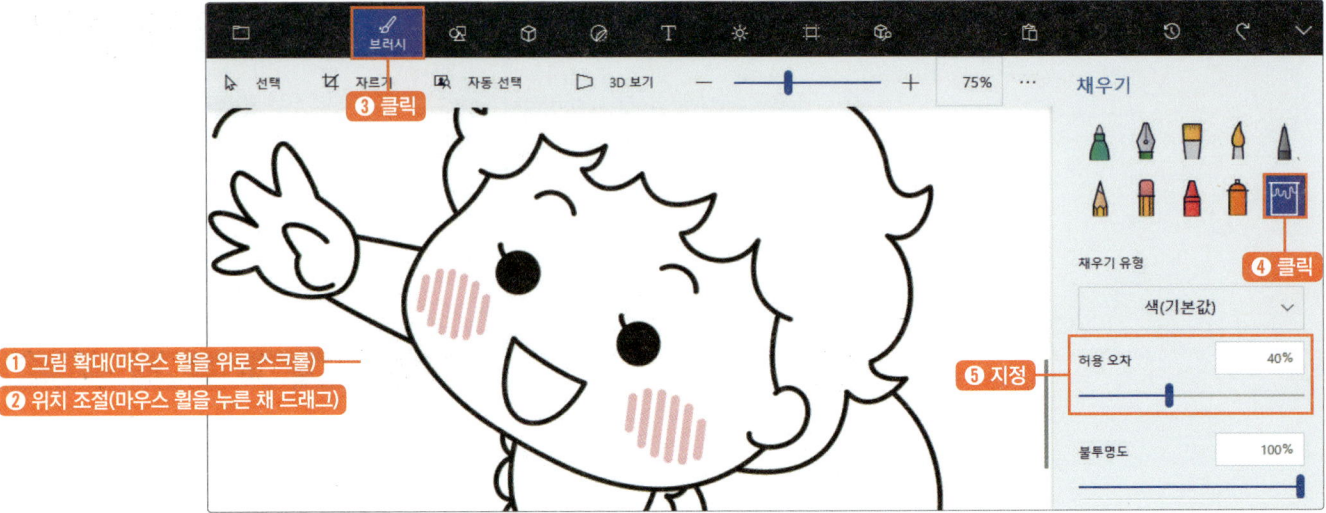

TIP 그림 확대/축소 및 그림 위치 조절 방법

● 그림 확대/축소
1. 마우스 휠을 위/아래로 스크롤
2. [그림판 3D] 앱 상단 도구 이용
3. Page Up / Page Down 키

● 그림 위치 조절
1. 마우스 휠을 누른 채 드래그
2. Alt 키를 누른 채 그림을 드래그
3. Alt + 방향키(↑, ↓, ←, →)

③ ┼색추가 를 클릭하여 자주 사용될 살구색을 색상 팔레트에 추가합니다.

※ 작업 환경에 따라 ┼색추가 가 보이지 않을 경우에는 ┼ 아이콘을 눌러 색상을 추가할 수 있어요!

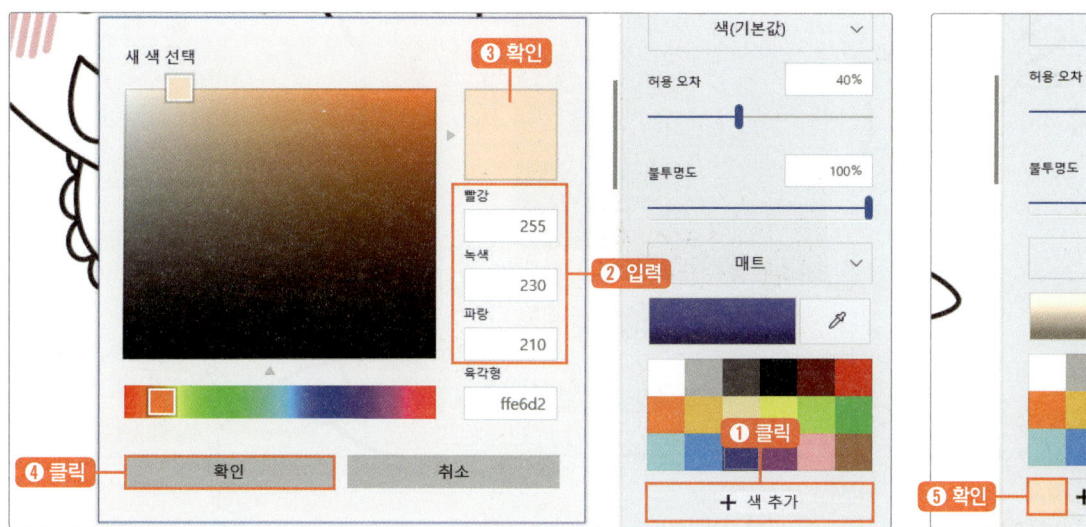

④ 캐릭터의 얼굴과 양쪽 손을 클릭하여 살구색을 채워줍니다.

※ 색상을 잘못 칠했을 경우에는 상단의 ↶ (실행 취소)를 눌러 이전 상태로 돌아갈 수 있어요.

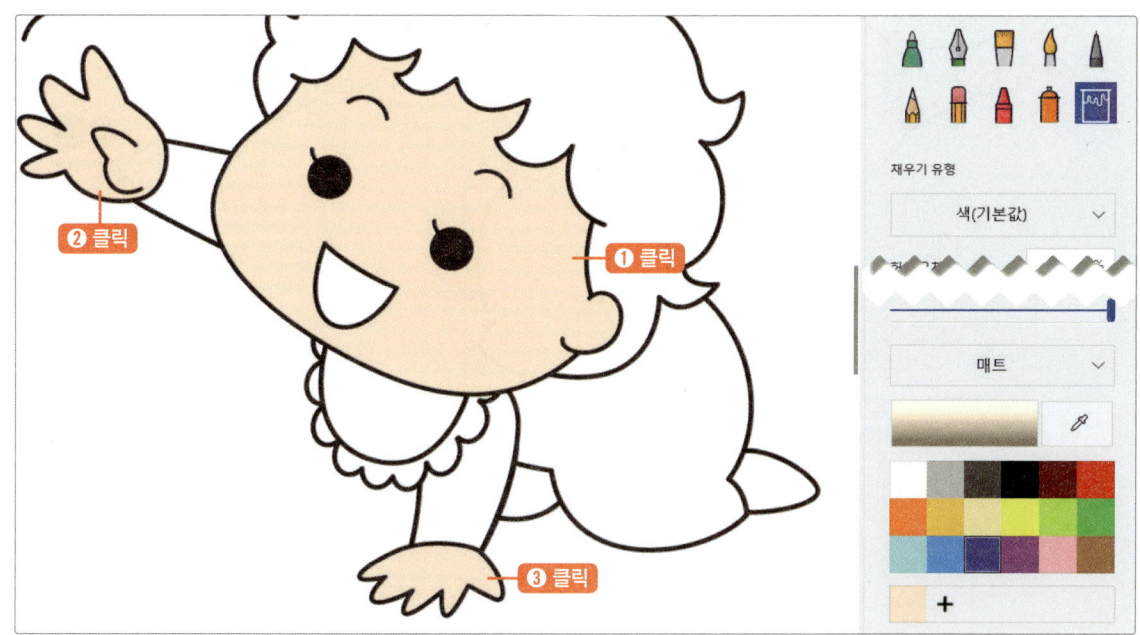

Chapter 09 캐릭터 그려보기 • **049**

03 수채화 도구를 이용하여 그림 그리기

① [브러시( )]-수채화( ) 도구를 클릭한 후 두께(150px)와 불투명도(5%)를 지정합니다.

② 색상 팔레트의 현재 색을 클릭하여 붉은 계열의 색상을 선택한 후 <확인> 단추를 클릭합니다.

③ 캐릭터의 볼 부분을 그림과 같이 드래그합니다.

※ 왼쪽 볼을 칠할 때는 수채화 브러시의 두께를 작게 조절한 후 작업하면 편리해요.

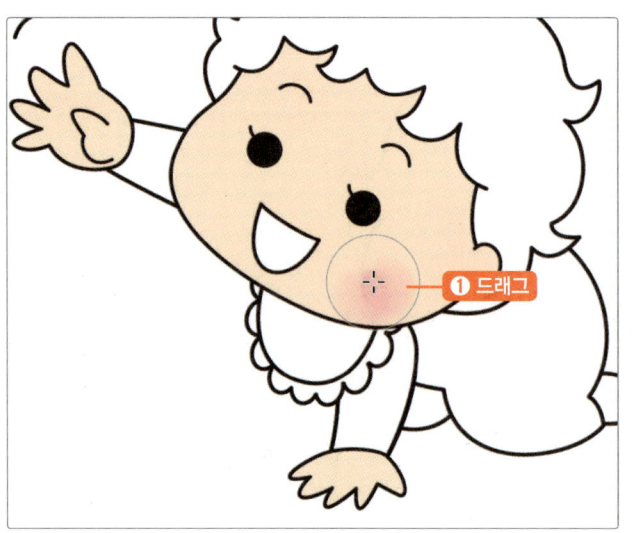 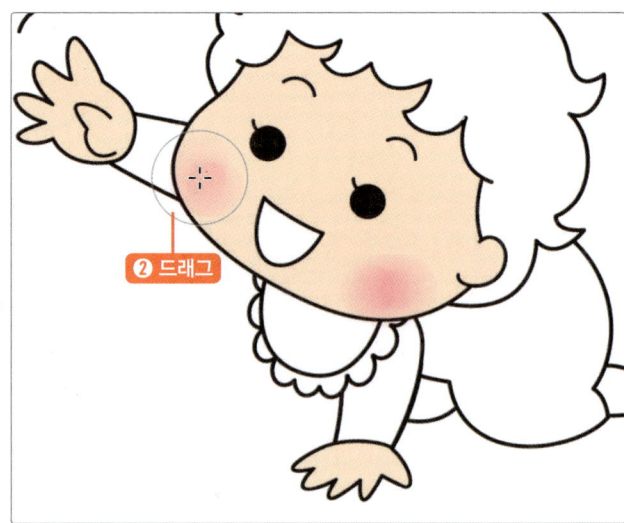

CHAPTER 09 혼자서 뚝딱 뚝딱!

1 다양한 브러시를 활용하여 작품을 완성해보세요.

- 크레용(▮) : 크레용 질감으로 색상을 칠할 수 있어요.
- 스프레이 캔(▮) : 스프레이 질감으로 색상을 칠할 수 있어요.

2 완성된 작품을 저장해보세요.

❶ 왼쪽 상단의 ▯(메뉴) 아이콘을 눌러 [저장]을 클릭합니다.
❷ [9일차] 폴더를 열어 '그림판_컴놀캐릭터' 그림 파일이 예쁘게 채색된 것을 확인합니다.

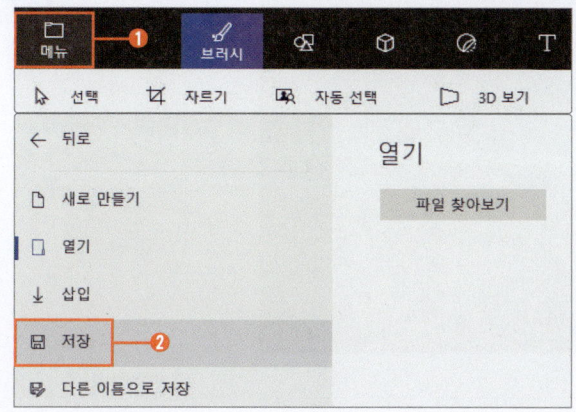
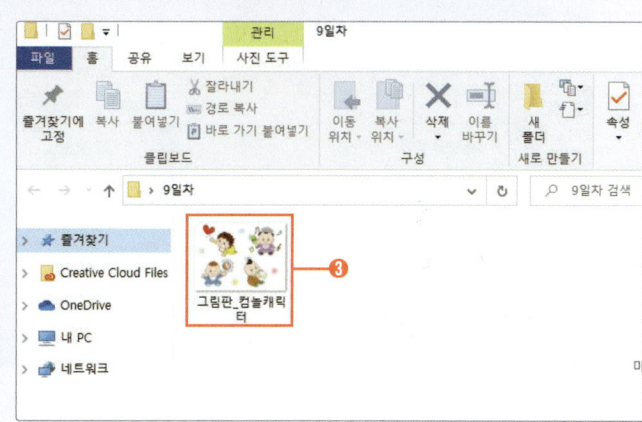

Chapter 09 캐릭터 그려보기 • **051**

CHAPTER 10
3D 세상 살펴보기

학습목표

- 타자 프로그램을 이용하여 '자리연습 4단계'를 연습해봅니다.
- 2D와 3D의 차이를 알아봅니다.
- 3D 뷰어 앱을 열어 다양한 이미지들을 살펴봅니다.

쓰리디?
낭D?
뜨리디?

박사님~ 혹시 3D가 뭔가요?

3D는 3차원으로 만들어진 그래픽이에요! 애니메이션이나 게임에서 많이 사용되고 있어요!

창의력 플러스

3D란 3차원으로 만들어진 그래픽을 말해요. 2D는 종이에, 3D는 공간에 그림을 그려서 표현한 것으로 3D는 더욱 입체적이고 현실감이 있지요. 대표적인 2D 게임에는 '메이플 스토리', 3D 게임에는 '마인크래프트'가 있답니다.

● 아래 보기에서 2D 이미지와 3D 이미지를 구분하여 체크해보세요.

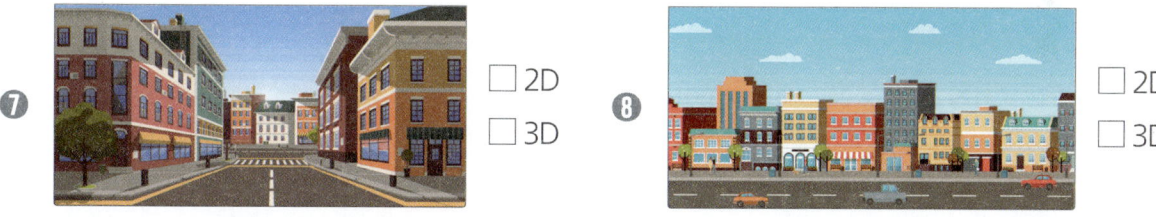

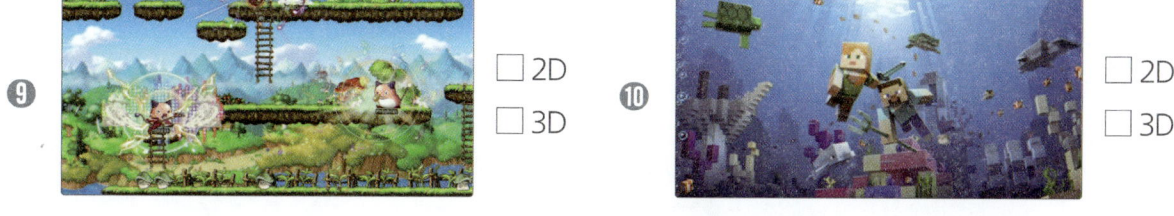

01 3D 뷰어 앱 실행하기

❶ [■(시작)]-[3D 뷰어(⬡)] 앱을 실행시킵니다.
   ※ 만약 3D 뷰어 시작 창이 표시되면 확인 단추를 눌러 [3D 뷰어] 앱을 시작할 수 있어요!

❷ 앱이 실행되면 화면을 조절하여 3D 모델(벌)을 다양한 방법으로 관찰해봅니다.
   ※ 화면을 더블 클릭하여 처음 시점으로 초기화 시킬 수 있어요.

   ① **왼쪽 버튼을 누른 채 드래그** : 화면의 시점을 다양하게 조절할 수 있어요.
   ② **오른쪽 버튼을 누른 채 드래그** : 화면을 위/아래/왼쪽/오른쪽으로 이동시킬 수 있어요.
   ③ **휠을 굴리기** : 화면을 확대 또는 축소할 수 있어요.

▲ ① 왼쪽 버튼을 누른 채 드래그   ▲ ② 오른쪽 버튼을 누른 채 드래그   ▲ ③ 휠을 굴리기

02 3D 라이브러리에서 움직이는 모델링 불러오기

❶ [3D 라이브러리]를 클릭한 후 [All Animated Models]에서 'Links'를 찾아 선택합니다.
   ※ 작업 환경에 따라 해당 모델이 없는 경우에는 원하는 모델을 선택해 주세요.

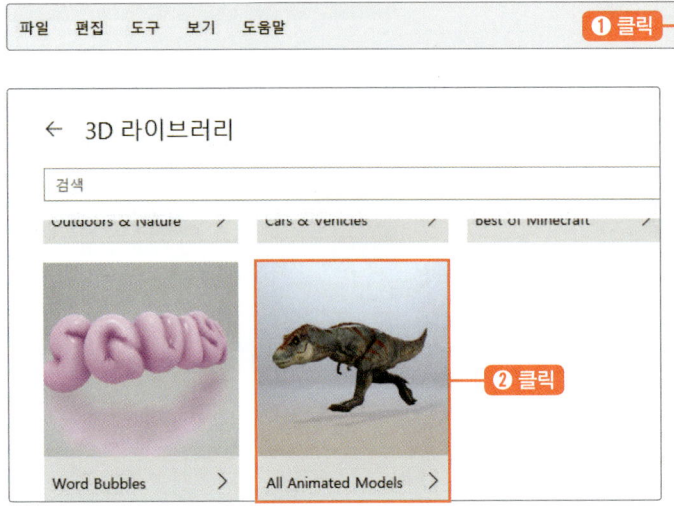 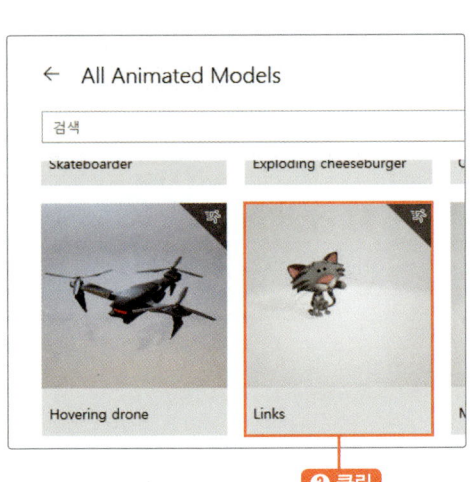

> 3D 라이브러리는 다양한 모델링을 제공하는 꾸러미이며, [All Animated Models]에서는 움직이는 애니메이션 3D 모델링을 찾을 수 있습니다. 단, 3D 라이브러리는 인터넷이 연결된 상태에서만 이용이 가능합니다.

❷ 화면에 고양이 캐릭터가 움직이는 것을 확인합니다.

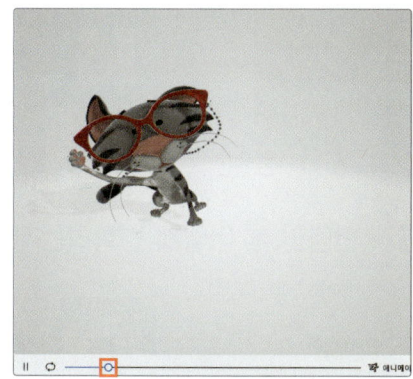 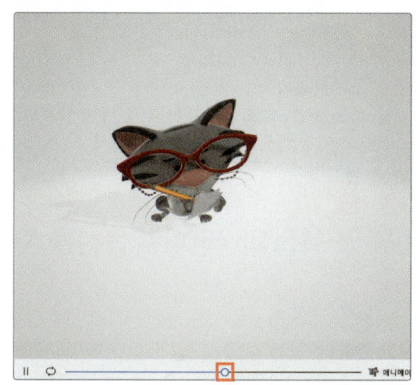 

❸ 하단의 메뉴를 이용하여 여러 가지 방법으로 애니메이션을 표현해봅니다.

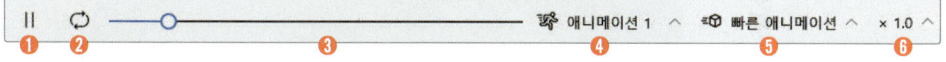

① 애니메이션을 멈추거나 다시 재생할 수 있어요.

② 애니메이션을 반복하거나 한 번만 재생하도록 설정할 수 있어요.

③ 애니메이션의 재생 구간을 확인할 수 있어요.

④ 여러 가지 애니메이션 동작 중 원하는 애니메이션을 선택할 수 있어요.
　※ [All Animated Models]에서 선택한 모델에만 해당 기능이 활성화돼요.

⑤ 모든 모델마다 나타나는 기본적인 애니메이션이에요.

⑥ 애니메이션의 속도를 조절할 수 있어요.

03 다양한 옵션을 변경하여 모델링을 살펴보기

❶ [3D 라이브러리]를 클릭한 후 [Best of Minecraft]에서 'Quaint Village'를 찾아 선택합니다.

❷ [☀(환경 및 조명)]의 '테마'를 바꿔가며 선택한 후 화면을 확대 및 조절하여 마을을 살펴봅니다.

❸ [☀(환경 및 조명)] 아래쪽에서 '조명 회전'과 '라이트' 옵션을 자유롭게 변경한 후 어떻게 변화하는지 관찰해봅니다.

❹ [📊(통계 및 음영)]을 클릭하여 '메시 데이터'-'삼각형'의 체크를 해제하고, '텍스처 데이터'의 'Albedo'를 선택합니다.

혼자서 뚝딱 뚝딱!

1 동물/곤충 모델을 불러온 후 어떤 모델인지 맞춰보는 게임을 해보세요.

❶ [3D 라이브러리]-[Animals & Insects]를 클릭한 후 원하는 동물 또는 곤충 모델을 불러옵니다.

❷ [(통계 및 음영)]에서 모든 선택을 해제한 후 '텍스처 데이터'의 '발광성 색'을 선택하여 그림자만 남깁니다.

❸ 친구와 화면을 공유하여 어떤 동물인지 서로 맞춰보도록 합니다.

2 건축물을 불러온 후 화면을 확대하여 건물의 안쪽을 살펴보세요.

❶ [3D 라이브러리]-[Buildings & Structures]를 클릭한 후 원하는 건축물 모델을 불러옵니다.

❷ [(환경 및 조명)]을 클릭한 후 화면을 확대하여 건축물의 내부를 살펴봅니다.

CHAPTER 11 빠르고 쉽게 계산하기

학습목표

- 타자 프로그램을 이용하여 '자리연습 4단계'를 연습해봅니다.
- 계산기 앱을 이용하여 복잡한 연산을 빠르고 정확하게 계산합니다.
- 계산기 앱의 날짜 계산 및 통화 환율 기능을 이용해봅니다.

배울 내용 미리보기!

창의력 플러스

1️⃣ 동물들의 키를 모두 합치면 얼마가 될까요?(더하기)

150 + 130 + 120 + 110 =

2️⃣ 원숭이의 키가 기린만큼 커지기 위해서는 얼만큼의 숫자가 필요할까요?(빼기)

150 − 110 =

3️⃣ 동물들이 가지고 있는 풍선은 모두 몇 개일까요?(곱하기)

7 × 4 =

4️⃣ 12개의 사탕을 네 마리의 동물들에게 똑같이 나눠준다면 한 마리의 동물은 몇 개의 사탕을 먹을 수 있을까요?(나누기)

12 ÷ 4 =

※ 위와 같이 어려운 계산도 '계산기 앱'을 이용하면 쉽고 빠르게 해결할 수 있어요!

01 계산기 앱을 이용하여 숫자 계산하기

① [(시작)]-[계산기( )]앱을 실행시킵니다.
   ※ 사칙연산(+, −, ×, ÷) 기호와 숫자패드를 이용하여 계산할 거예요!

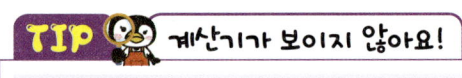

TIP 계산기가 보이지 않아요!
만약 계산기가 보이지 않을 경우에는 왼쪽 상단의 ≡(탐색 열기) 단추를 눌러 표준( )을 선택한 후 작업합니다.

② 아래 문제를 확인하여 계산식을 적어본 후 정답을 계산해봅니다.
   ※ 계산기의 숫자패드를 클릭하거나, 키보드 오른쪽 숫자패드를 이용하여 계산식을 입력할 수 있어요.

① 5000원을 가지고 편의점에 가서 할인하는 과자를 2950원에 구매했어요. 얼마가 남았을까요?

② 맛있는 젤리가 48개 있어요. 여섯 명이 공평하게 나눈다면 몇 개씩 먹을 수 있을까요?

③ 나의 몸무게는 31.3kg이고, 내 동생의 몸무게는 18.5kg이에요. 나와 동생의 몸무게를 합치면 얼마나 될까요?

④ 같은반 친구들에게 나눠주기 위해 쿠키 30봉지를 준비했어요. 한 봉지에 쿠키가 8개씩 담겨있다면 모두 몇 개의 쿠키가 있을까요?

02 계산기 앱을 이용하여 날짜 계산하기

① 계산기 앱의 ≡(탐색 열기) 단추를 눌러 날짜 계산(📅)을 선택한 후 시작일을 클릭합니다.

※ 날짜 계산의 시작일과 종료일은 오늘 날짜 기준으로 기본값이 설정되어 있어요.

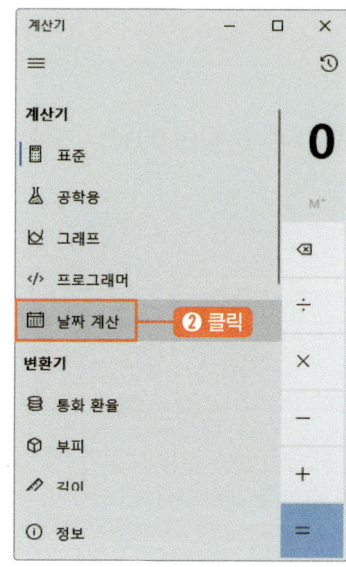
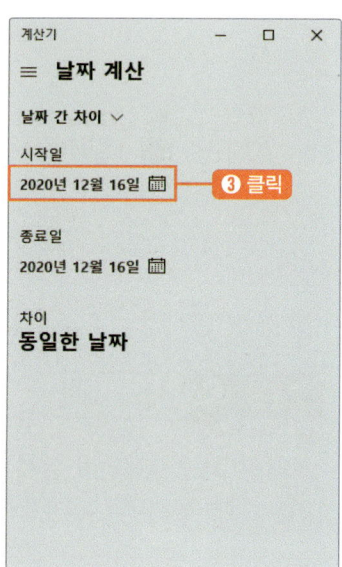

❷ 시작일을 2010년 1월 1일로 변경해봅니다.

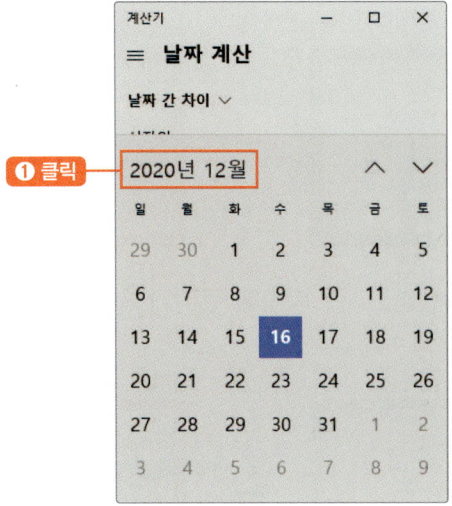  

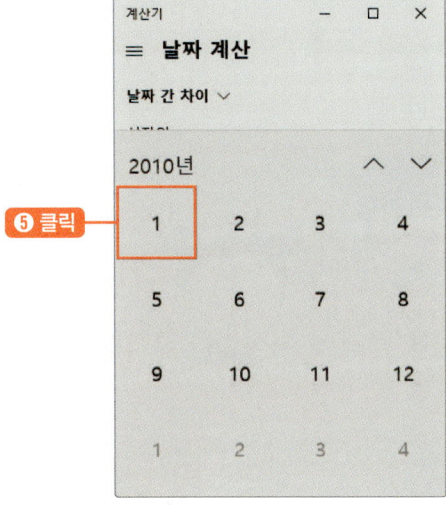  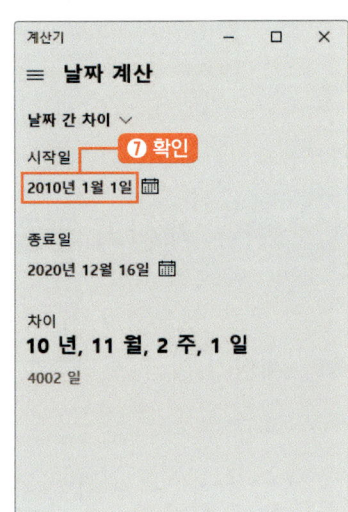

❸ 2010년 1월 1일부터 오늘까지 총 며칠이 지났는지 확인합니다.

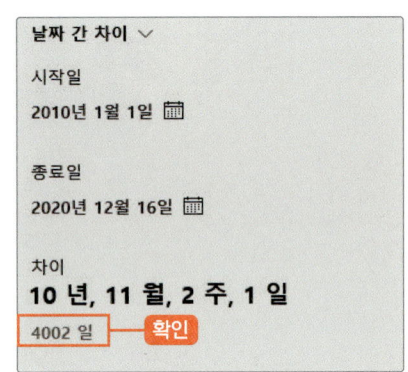

계산기 앱을 이용하여 날짜 계산 시 종료일은 현재 날짜가 기본값으로 지정되어 있기 때문에 교재의 차이(4002 일) 값과 결과가 다르게 나옵니다.

④ 종료일을 올해(또는 내년) 나의 생일로 변경한 후 돌아오는 내 생일까지 며칠이 남았는지 계산해봅니다.

※ [계산기] 앱을 종료한 후 다시 실행하여 시작일을 오늘 날짜로 지정할 수 있어요.

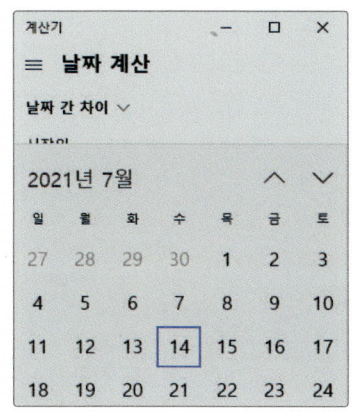
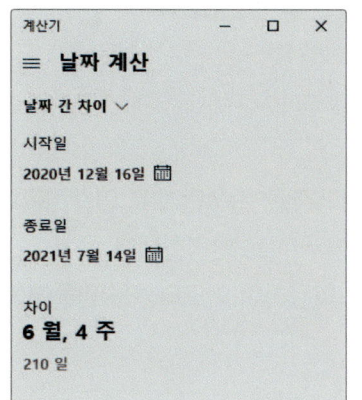

- 돌아오는 내 생일까지 얼마나 남았는지 계산하여 적어보세요.

　　　　　　　　　　　　일

CHAPTER 11 혼자서 뚝딱 뚝딱!

① 계산기 앱의 ≡(탐색 열기) 단추를 눌러 통화 환율( )을 선택한 후 아래와 같이 지정해보세요.

※ 통화 환율을 참고하여 우리나라와 외국 돈의 현재 가치를 비교해 볼 수 있으며 '업데이트 일자'에 따라 변동돼요.

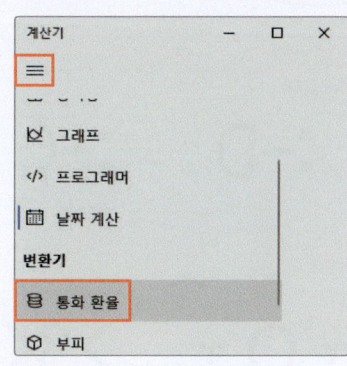
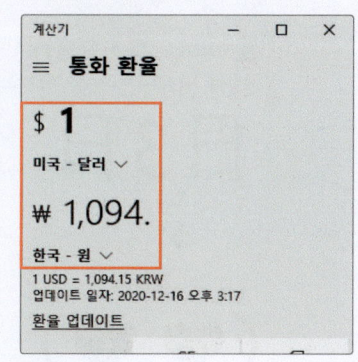

② 오늘 날짜를 기준으로 미국의 $50(50달러)는 한국 돈으로 얼마인지 계산하여 적어보세요.

- 오늘 날짜 :　　　년　　　월　　　일
- 환율 금액 : $50(50달러) ▶ ₩　　　（　　　　원）

③ 계산기 앱의 여러 가지 계산기능을 활용하여 친구와 퀴즈를 내고 맞추는 게임을 해보세요.

CHAPTER 12

메모장으로 이모티콘 만들기

학 습 목 표

- 타자 프로그램을 이용하여 '낱말연습 4단계'를 연습해봅니다.
- 메모장 앱을 실행한 후 글꼴 서식을 변경합니다.
- 한자, 영문, 특수문자 등을 이용하여 이모티콘을 만들어봅니다.

배울 내용 미리보기!

창의력 플러스

이모티콘(그림말)이란 무엇일까요? 이모티콘은 컴퓨터나 스마트폰에서 감정을 표현하기 위해 사용되며 문자, 기호, 숫자 등을 조합하여 만들기 시작했어요. 현재는 이모티콘이 발전되어 예쁜 그림으로 표현되기도 하고, 움직이거나 소리를 내는 등 다양한 형태의 이모티콘이 생겨났지요! 아래 이모티콘을 보고 어떤 감정을 표현하고 있는지 적어보세요.

ㅠ_ㅠ		—.,—	
(♥.♥)		^0^~♬	
@.@		o(^▽^)o	
日3日		(>ㅅ<)	
v(^-^)v		^^;;	
:-(		:-D	

01 메모장 앱을 실행하기

❶ [■(시작)]-[메모장(📝)] 앱을 실행시킵니다.

❷ [서식]-[글꼴]에서 원하는 글꼴을 선택한 후 크기를 '28' 정도로 지정합니다.

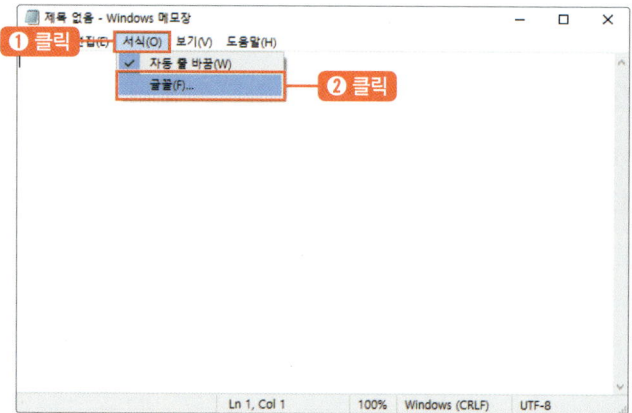 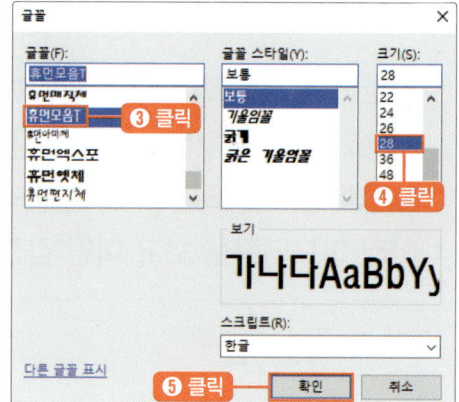

02 한자와 숫자를 이용하여 이모티콘 만들기

❶ '일'을 입력한 후 한자 키를 눌러 '日'을 선택합니다.

※ 한자로 변환할 텍스트가 블록으로 지정되어 있어야 해요.

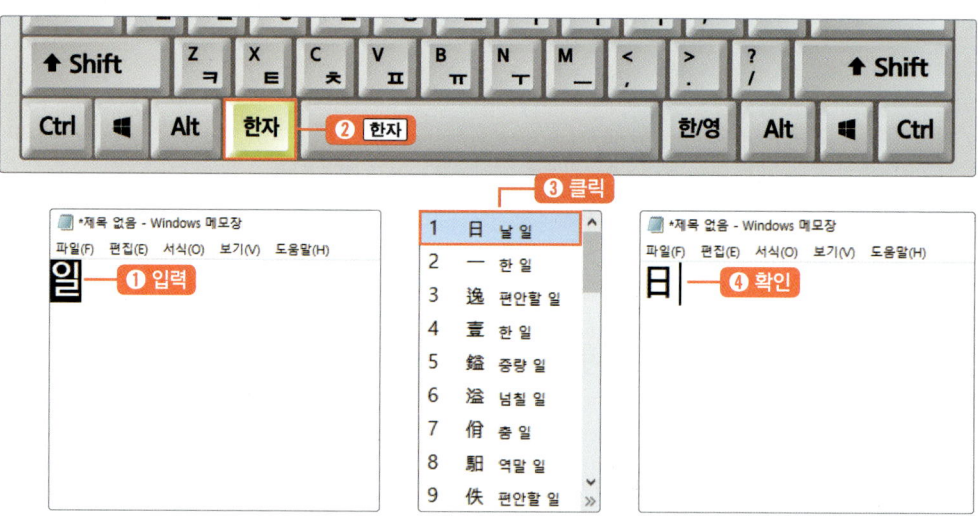

❷ 숫자 '3'을 입력한 후 위와 동일한 방법으로 '日'을 입력합니다.

※ 커서(|)가 깜빡거리는 위치에 텍스트를 입력할 수 있어요.

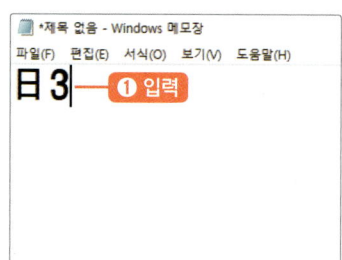 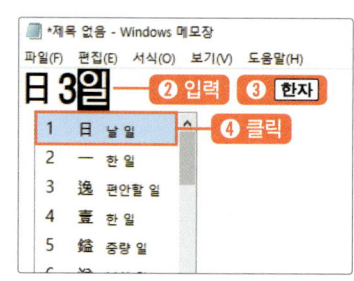 

특수 문자와 영문을 이용하여 이모티콘 만들기

❶ 다음 순서를 참고하여 이모티콘을 완성해봅니다.

　※ 텍스트를 잘못 입력했을 때는 [Back Space] 키를 눌러 지울 수 있어요.

　① [Space Bar] 키를 두 번 눌러 두 칸을 띄워요.

　② [Shift] + [:] 키를 눌러 눈 모양을 만들어요.

　③ [-] 키를 눌러 코 모양을 만들어요.

　④ [한/영] 키를 눌러 입력될 언어를 영문으로 변경해요.

　⑤ [Caps Lock] 키를 눌러 영문 대문자 입력을 활성화 시킨 후 [D] 키를 눌러 입 모양을 만들어요.

❷ 동일한 방법으로 아래 그림을 참고하여 나머지 이모티콘을 만들어봅니다.

　※ [한/영] 키를 눌러 입력될 언어를 한글로 변경한 후 작업해요.

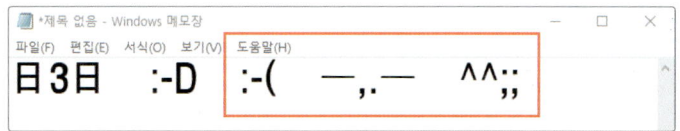

❸ 다음 순서를 참고하여 이모티콘을 완성해봅니다.

① Enter 키를 두 번 눌러 커서를 두 줄 아래로 이동해요.

② Shift + (키를 눌러 왼쪽 볼 모양을 만들어요.

③ 'ㅁ'을 입력한 후 한자 키를 눌러 '♥' 모양을 찾아요.

④ . 키를 눌러 코 모양을 만들어요.

⑤ '♥'와 ')'를 순서대로 입력하여 이모티콘을 완성해요.

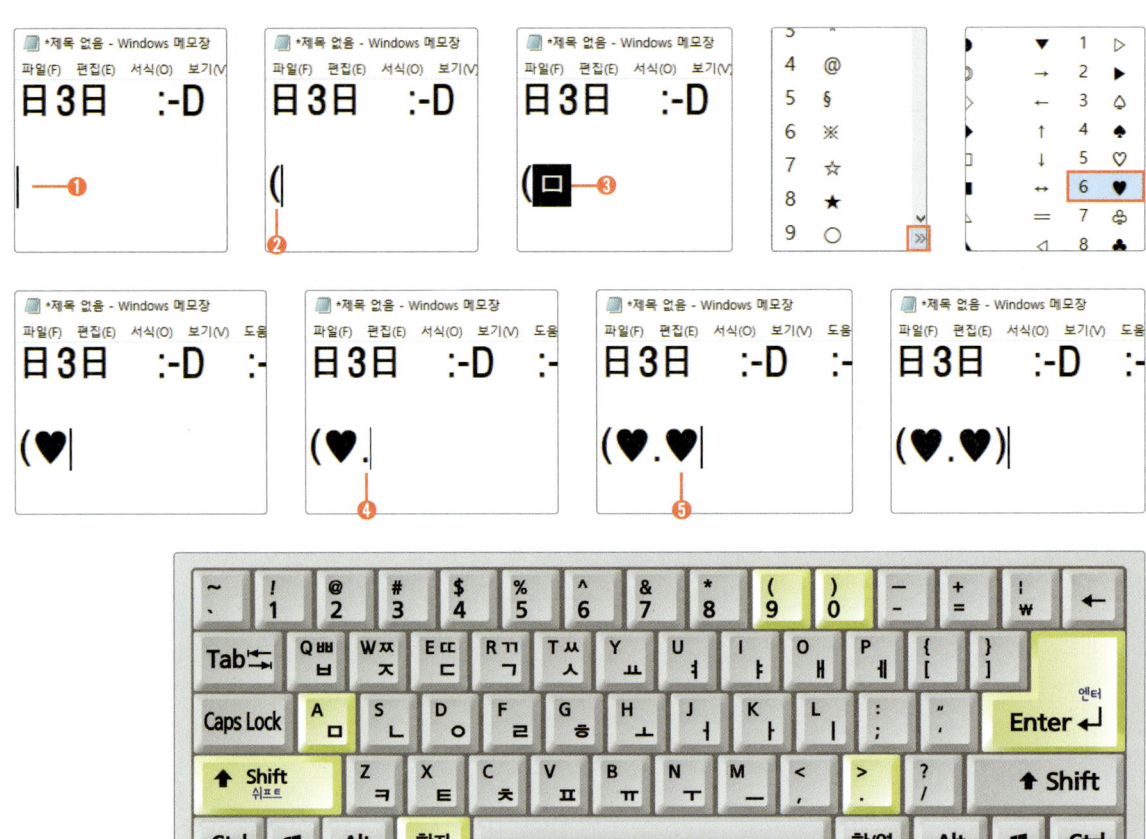

CHAPTER 12 혼자서 뚝딱 뚝딱!

1 배운 기능을 활용하여 메모장 앱에 나만의 이모티콘을 만들어 보고, 아래에 직접 그려본 후 어떤 상황에서 사용하는 것이 좋을지 적어보세요.

TOT	슬플 때		

2 키보드의 ⊞(윈도우) 키를 누른 채 . 키를 눌러 Win10에서 제공하는 이모지, Kaomoji, 기호를 메모장에 입력해보세요.

 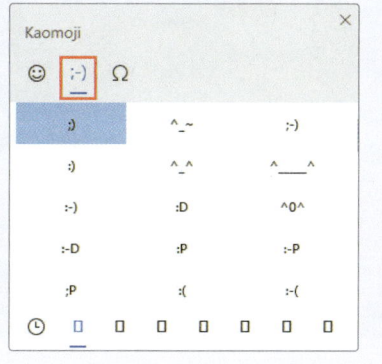 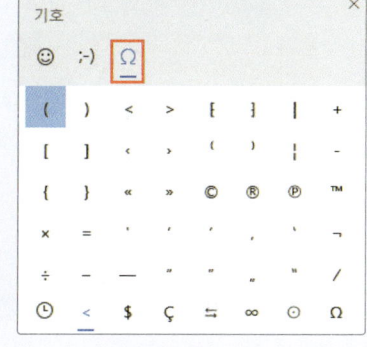

CHAPTER 13
인터넷 세상으로 들어가기

학습목표

- 타자 프로그램을 이용하여 '자리연습 5단계'를 연습해봅니다.
- 인터넷(엣지)을 실행하여 쥬니어네이버에 접속합니다.
- 신비하고 재미있는 사파리를 체험해봅니다.

창의력 플러스

인터넷은 여러 사람들과 소통을 할 수 있는 공간이에요. 우리는 스마트폰이나 컴퓨터를 이용하여 인터넷 공간에서 많은 시간을 보내기도 하지요. 인터넷을 이용할 때 서로 지켜야할 예절이 있는데 그것을 '네티켓'이라고 불러요.

다음 중 네티켓에 대한 올바른 내용에 'O' 표시를 한 후 잘못된 내용은 고쳐서 발표해보세요.

● 인터넷 사용 네티켓

[   ] 글을 쓸 때 띄어쓰기와 맞춤법은 틀려도 괜찮아요.
[   ] 오늘 해야하는 일들을 먼저 끝낸 후 인터넷을 사용해요.
[   ] 내가 좋아하는 노래나 동영상의 소리를 크게 틀어서 주변 사람들에게 들려주어요.
[   ] 파일을 함부로 다운받거나 올리지 않아요.
[   ] 바른말 고운말을 사용하고 서로를 칭찬해요.
[   ] 내가 좋아하는 친구의 사진이나 휴대폰번호를 인터넷에 공개해요.
[   ] 다른 사람의 ID 및 비밀번호를 몰래 사용하지 않아요.
[   ] 악성 댓글 및 지나친 비판 댓글은 달지 않아요.
[   ] 주말에는 늦은 시간까지 인터넷을 이용해도 괜찮아요.

01 엣지 앱을 이용하여 쥬니어네이버 접속하기

❶ [■(시작)]-[Microsoft Edge()] 앱을 실행시킵니다.

인터넷(엣지) 실행

❷ 주소 입력 칸에 '쥬니어네이버'를 입력한 후 Enter 키를 누릅니다.

❸ 쥬니어네이버에 관련된 검색 결과가 나오면 'https://jr.naver.com' 주소를 포함하는 사이트를 선택합니다.
※ 사이트의 검색 결과 순서는 변경될 수도 있어요. 주소 입력 칸에 'jr.naver.com'을 직접 입력하여 접속하는 방법도 있답니다!

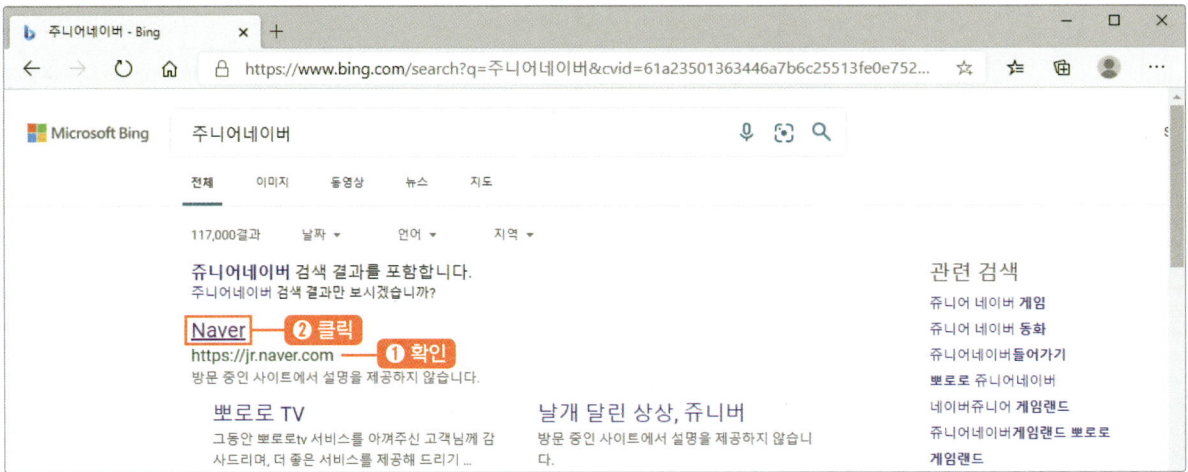

02 쥬니어네이버를 이용하여 사파리 둘러보기

❶ 쥬니어네이버 메뉴 중 [카테고리]를 클릭한 후 스크롤바를 아래쪽으로 내려서 '사파리'를 찾아봅니다.

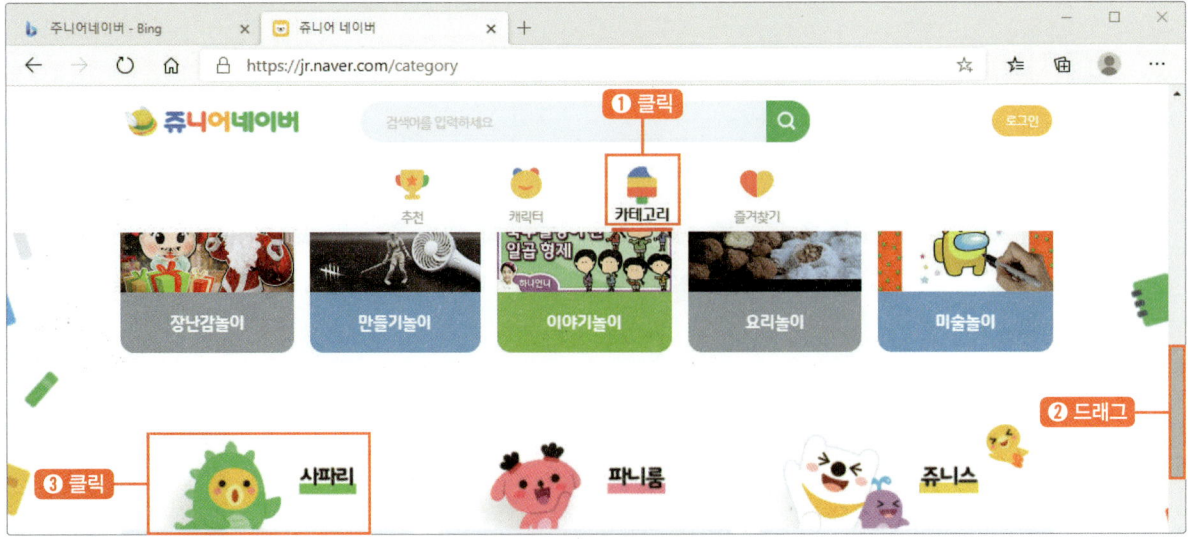

❷ '포유류마을'을 클릭하여 포유류에는 어떤 동물들이 있는지 살펴보도록 합니다.

❸ 원하는 동물을 선택한 후 해당 동물의 [동영상/사진], [동물 정보] 등을 확인합니다.

페이지 이동 및 종료하기

① 새로운 동물의 정보를 확인하기 위해 ←(뒤로 이동) 단추를 클릭하여 '포유류마을'로 다시 이동합니다.

② ←(뒤로 이동) 단추를 한 번 더 눌러 '사파리' 메인 페이지로 이동합니다.
   ※ →(앞으로 이동) 단추를 누르면 다시 '포유류마을'로 이동할 수 있어요!

③ 해당 페이지 탭의 ×(닫기) 단추를 클릭하여 '사파리' 페이지를 종료합니다.

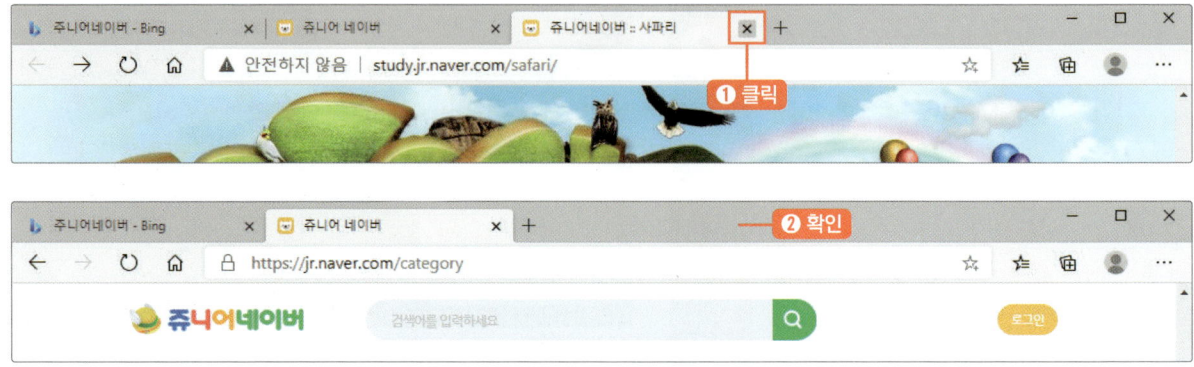

TIP 마이크로소프트 엣지의 화면 구성 알아보기

❶ **새 탭** : 새로운 탭을 활성화 시켜 원하는 사이트로 이동할 수 있습니다.
❷ **뒤로 / 앞으로** : 현재 페이지를 기준으로 '이전 페이지'와 '다음 페이지'로 이동합니다.
❸ **새로 고침** : 현재 보고 있는 페이지의 정보를 새롭게 가져옵니다.
❹ **홈** : 마이크로소프트 엣지의 처음 화면으로 이동합니다.
❺ **주소 표시줄** : 사이트의 주소를 입력하여 해당 사이트로 이동할 수 있습니다.
❻ **즐겨찾기** : 자주 사용하는 사이트를 즐겨찾기로 등록하여 빠르게 해당 사이트에 접속할 수 있습니다.
❼ **설정 및 기타** : 마이크로소프트 엣지의 세부적인 기능을 설정할 수 있습니다.

CHAPTER 13 혼자서 뚝딱 뚝딱!

① 쥬니어네이버-'사파리'에 접속한 후 '식물원' 페이지를 열어 퀴즈를 풀어보세요.
   ※ 꽃에 관련된 퀴즈로 '산나물과 풀꽃'의 [식물 정보]에서 확인할 수 있어요.

   ❶ '은방울 꽃'의 꽃말은 무엇일까요?

   ❷ '튤립'의 원산지는 어디일까요?

   ❸ '민들레'와 같은 과 식물에는 어떤 것이 있을까요?

② 쥬니어네이버-'동화'에서 원하는 동화를 선택하여 감상한 후 제목을 적어보세요.

CHAPTER 14
3D 캐릭터 완성하기

학습목표

- 타자 프로그램을 이용하여 '자리연습 5단계'를 연습해봅니다.
- 그림판 3D 앱을 이용하여 캐릭터 모델링 파일을 불러옵니다.
- 여러 가지 기능을 활용하여 3D 캐릭터를 만들어봅니다.

창의력 플러스

인물 캐릭터를 그리는 방법을 소개할게요! 캐릭터를 그릴 때는 얼굴의 형태를 먼저 그린 후 눈, 코, 입의 순서대로 작업하는 것이 좋아요. 아래 순서를 참고하여 캐릭터를 따라 그려보고, 비슷한 방법으로 나만의 캐릭터를 만들어보도록 해요.

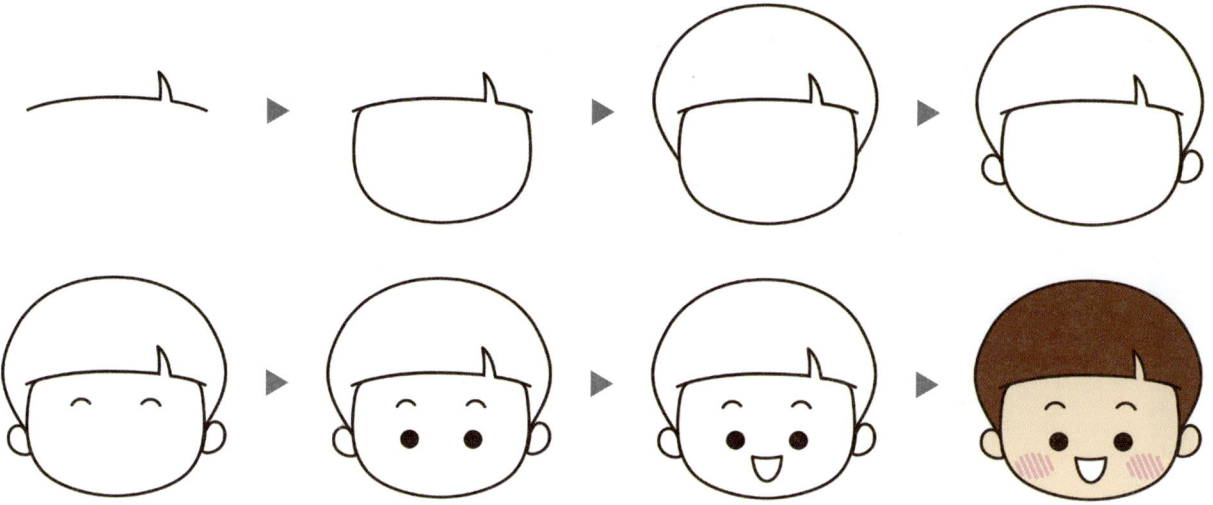

● **따라서 그려보세요!**

● **나만의 캐릭터를 만들어 보세요!**

01 그림판에 3D 모델 파일을 불러오기

❶ [(시작)]-[그림판 3D( )] 앱을 실행시킵니다.

❷ 아래와 같은 화면이 표시되면 [열기( )]를 클릭합니다. 이어서, <파일 찾아보기> 단추를 눌러 [14일차]-'삐카츄' 파일을 불러옵니다.

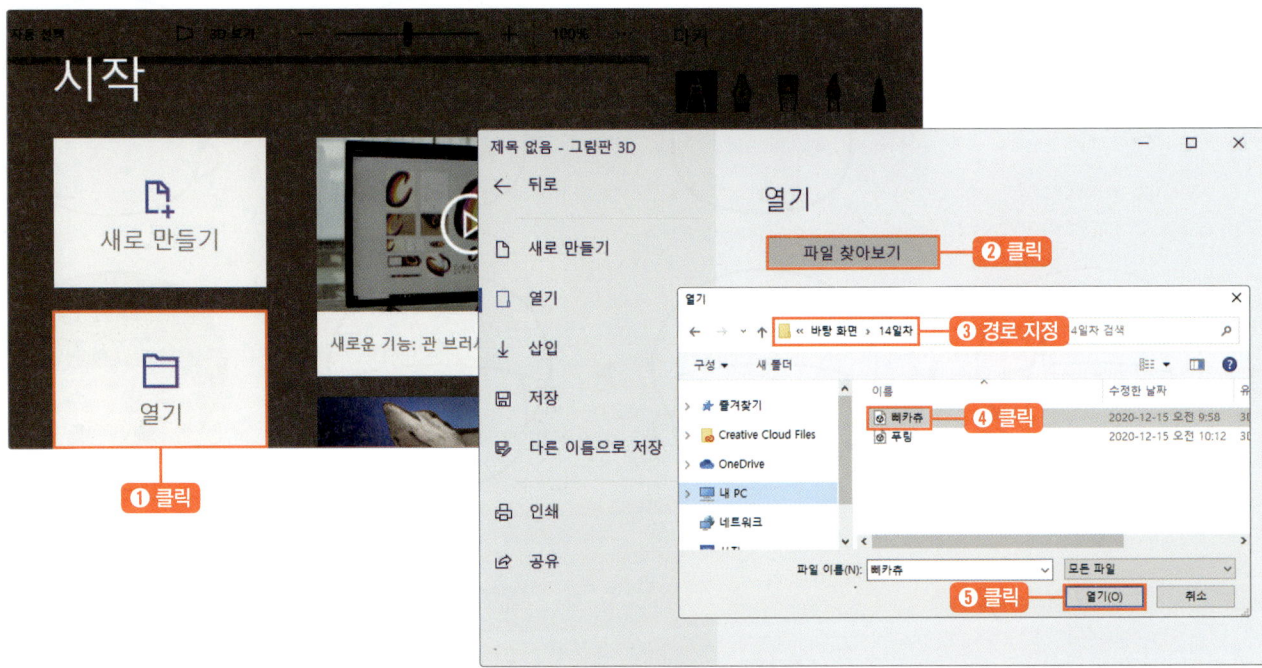

❸ 아래와 같은 대화상자가 나오면 <건너뛰기> 단추를 클릭하여 캐릭터 모델링 파일을 불러옵니다.

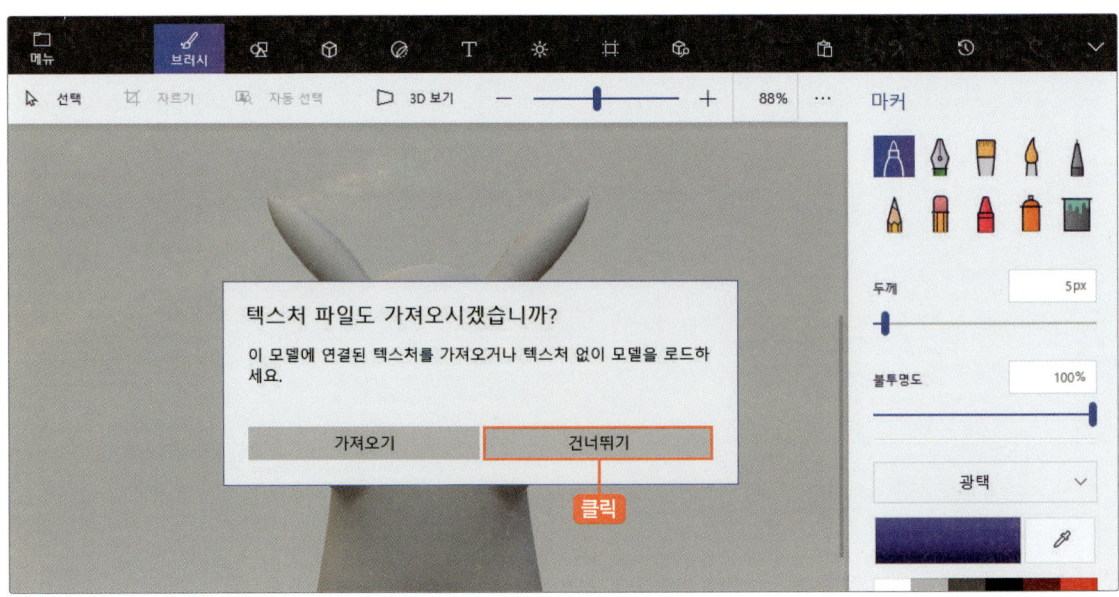

TIP 3D 모델링 파일 불러오기
삐카츄 캐릭터는 3D 모델링 전용 파일로 컴퓨터 환경에 따라 파일을 불러오는 시간이 조금씩 다를 수 있습니다.

02 3D 보기로 전환하기

① [3D 보기]를 클릭하여 평면이 아닌 3차원 공간에서 캐릭터를 살펴봅니다.

※ 아래 방법을 참고하여 [3D 보기] 화면을 완벽하게 컨트롤 할 수 있도록 연습해보세요!

▲ 휠을 굴리기 : 공간을 확대 또는 축소할 수 있어요.

▲ 휠을 누른 채 드래그 : 3D 모델의 위치를 이동할 수 있어요.

▲ 마우스 오른쪽 버튼을 누른 채 드래그 : 3D 모델을 바라보는 시점을 다양하게 조절할 수 있어요.

Chapter 14 3D 캐릭터 완성하기 • **079**

03 캐릭터의 몸통 색칠하기

① [브러시( )]-채우기( ) 도구를 클릭한 후 허용 오차를 '50%' 정도로 지정합니다.

② 색상 팔레트의 '노랑'색과 '광택'을 선택한 후 캐릭터의 몸을 클릭하여 색상을 채워줍니다.
   ※ 색상을 잘못 칠했을 경우에는 상단의 (실행취소)를 눌러 이전 상태로 돌아갈 수 있어요.

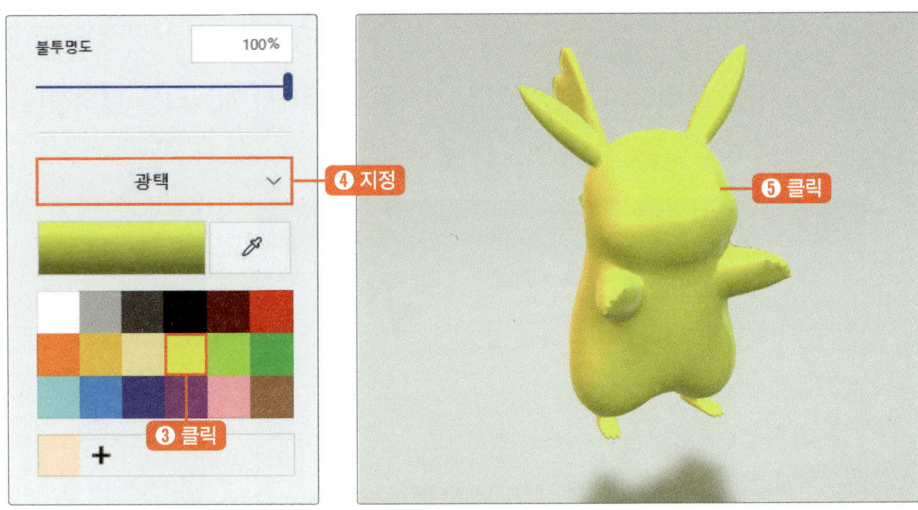

③ 아래와 같이 화면 시점을 조절한 후 [브러시( )]-마커( ) 도구를 선택하고 두께-'40px', 색상-'검정'을 지정합니다.
   ※ [3D 보기] 전환 상태에서 브러시로 오브젝트를 색칠하기 위해서는 시점 변경 및 확대가 필요해요.

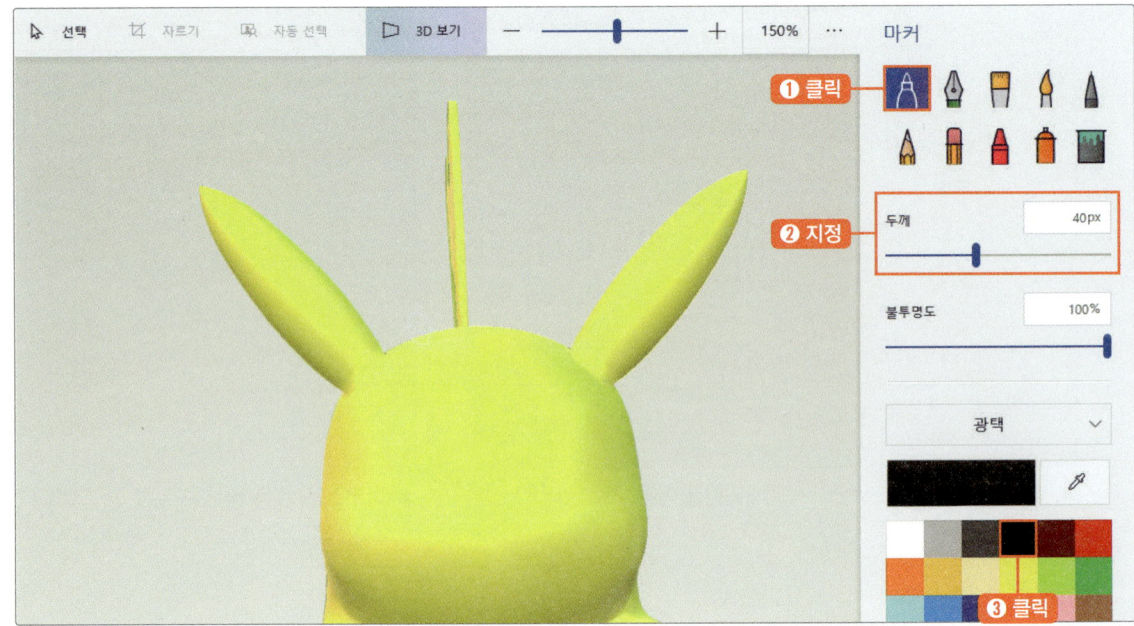

④ 왼쪽 귀를 드래그하여 색칠한 후 동일한 방법으로 오른쪽 귀를 색칠합니다.

⑤ 캐릭터의 뒷모습이 보이도록 아래와 같이 화면 시점을 조절한 후 색상이 채워지지 않은 부분을 색칠합니다.

※ 3D 개체를 색칠할 때는 화면을 회전하여 보이지 않는 부분까지 색상이 채워졌는지 확인하면서 작업하도록 해요!

04 캐릭터의 얼굴 그리기

❶ 아래와 같이 화면 시점을 조절한 후 [브러시( )]-마커( ) 도구를 선택하고 '매트'를 지정합니다. 이어서, 눈을 그려봅니다.

※ 브러시가 '40px'로 지정되었기 때문에 클릭하여 쉽게 눈을 그릴 수 있어요.

❷ 마커( )를 선택하여 두께-'10px', 색상-'흰색'을 지정한 후 눈동자를 그립니다.

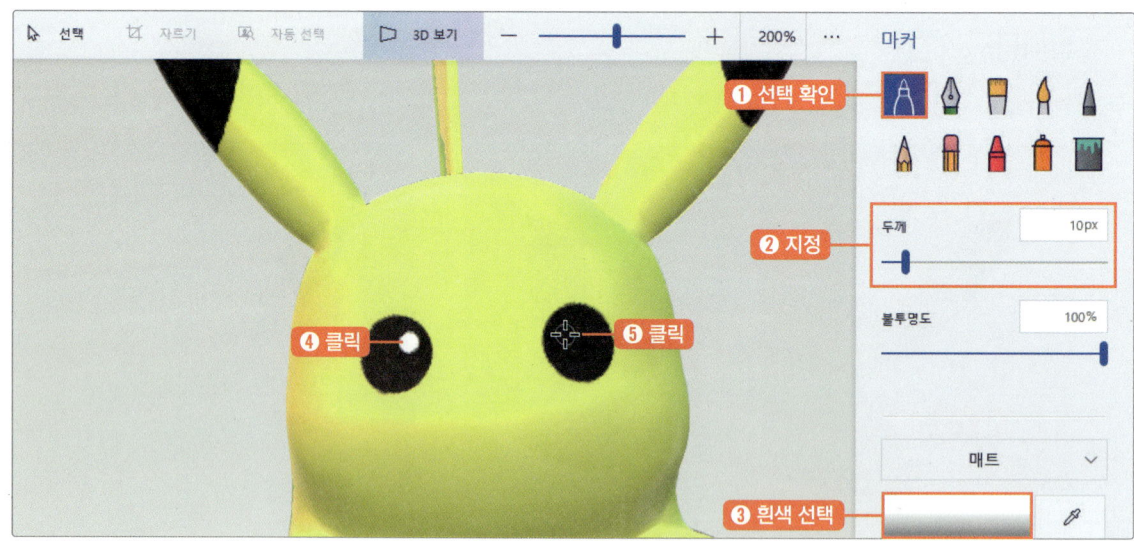

❸ 마커( )를 선택하여 두께-'3px', 색상-'검정'을 지정한 후 코와 입을 그립니다.

❹ 마커(🖊) 두께-'50px'를 지정한 후 분홍색 계열의 색상을 선택하여 캐릭터의 볼을 그립니다. 이어서, 화면 시점을 조절하여 완성된 캐릭터를 확인합니다.

볼 그리기

❺ 왼쪽 상단의 □(메뉴) 아이콘을 눌러 [저장]을 클릭한 후 비디오를 선택합니다.

❻ 원하는 애니메이션을 선택한 후 <저장> 단추를 눌러 저장합니다.

※ MP4(비디오)는 동영상 형태로 저장할 수 있어요.

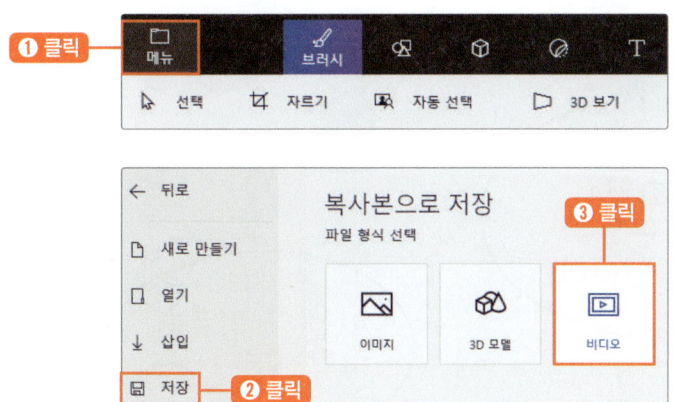

CHAPTER 14 혼자서 뚝딱 뚝딱!

① 그림판 3D 앱에서 [14일차]-'푸링' 3D 캐릭터 파일을 불러온 후 오른쪽 그림을 참고하여 3D 캐릭터를 완성해보세요.

② 완성된 캐릭터를 '비디오' 형식으로 저장해보세요.

Chapter 14 3D 캐릭터 완성하기 • **083**

CHAPTER 15 컴퓨터 예쁘게 꾸미기

학습목표

- 타자 프로그램을 이용하여 '낱말연습 5단계'를 연습해봅니다.
- 여러 가지 동물 이미지로 배경 사진을 변경해봅니다.
- 테마 컬러를 변경하고 화면 보호기를 설정해봅니다.

창의력 플러스

1. 아래 알파벳을 조합하여 '컴퓨터'를 영어 단어로 적어보세요.

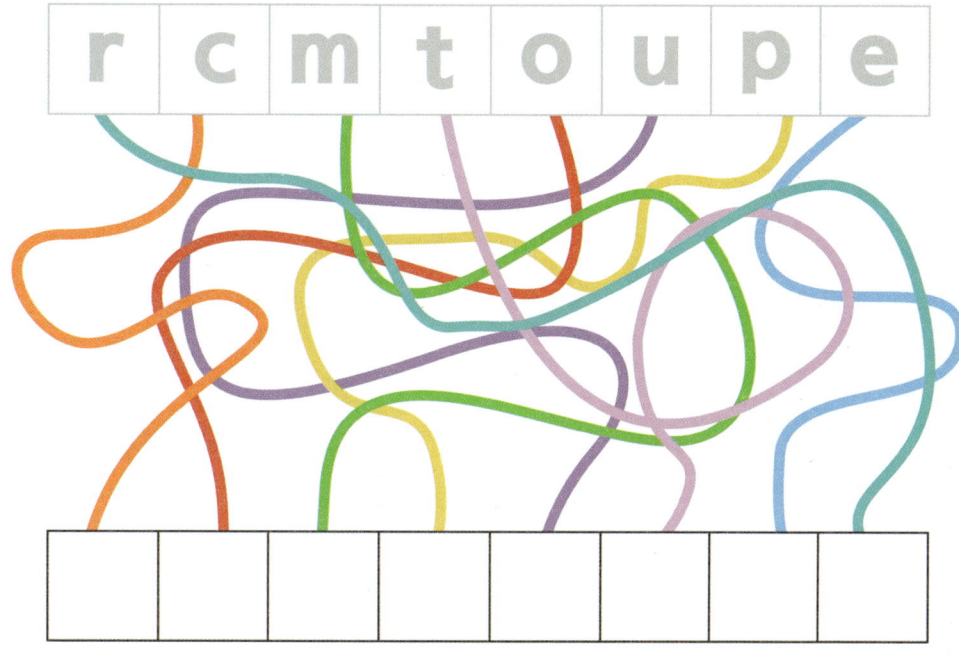

r c m t o u p e

2. '컴퓨터'는 본래 영어이지만 우리말로 자주 사용되고 있는 단어이며 이런 단어를 외래어라고 해요. 우리 주변에 '컴퓨터'처럼 사용되는 외래어에는 어떤 단어들이 있을까요? 아래 단어 중에서 외래어를 찾아 '○' 표시해보세요.

친구	스트레스	커피	가스	트럭
다이어트	책꽂이	여름	버스	
피자	뉴스	어린이	티켓	꽃
티셔츠	장미	괴물	김치	호랑이
백화점	도서관	뷔페	피아노	연필

01 배경 사진 변경하기

❶ 바탕화면의 빈 곳 위에서 마우스 오른쪽 버튼을 눌러 [개인 설정]을 클릭합니다.

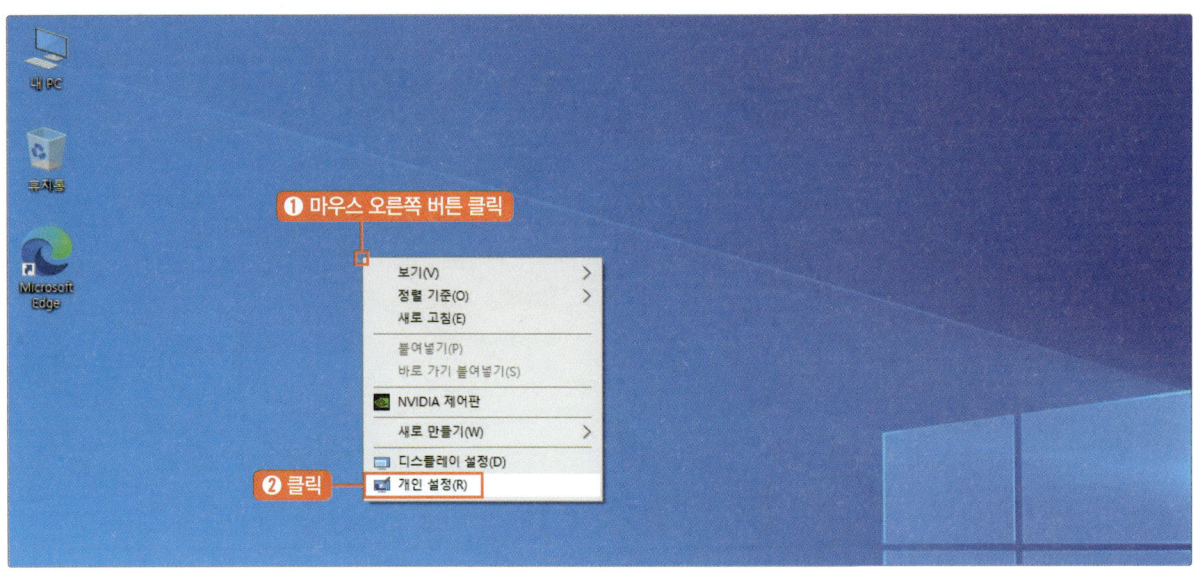

❷ [배경] 탭에서 배경을 '슬라이드 쇼'로 지정한 후 <찾아보기> 단추를 클릭하여 [15일차]-[배경] 폴더를 선택합니다.

❸ 이어서, '다음 간격마다 사진 변경'을 '1분'으로 지정합니다.

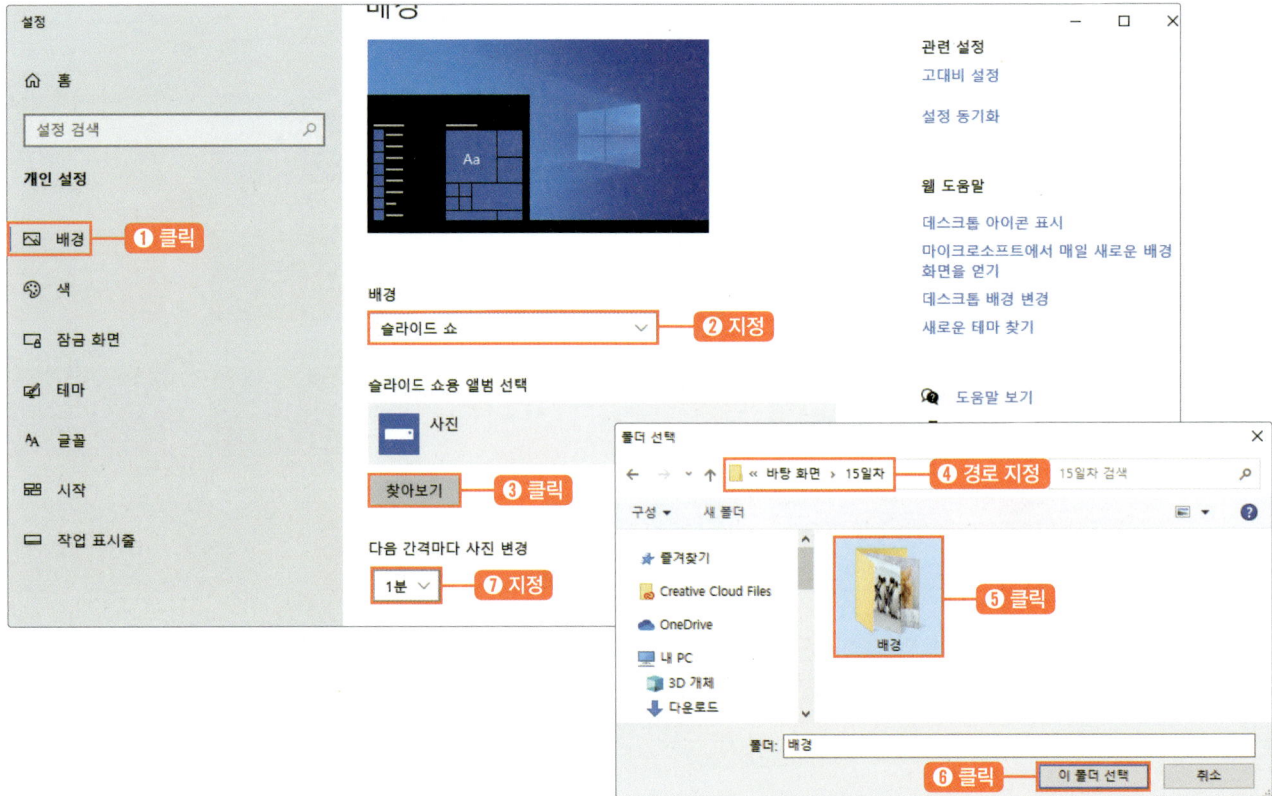

④ ─ (최소화) 단추를 눌러 배경 사진이 변경된 것을 확인합니다.

※ 1분마다 [배경] 폴더 안의 동물 이미지로 배경 사진이 변경될 거예요.

TIP 배경 맞춤 선택

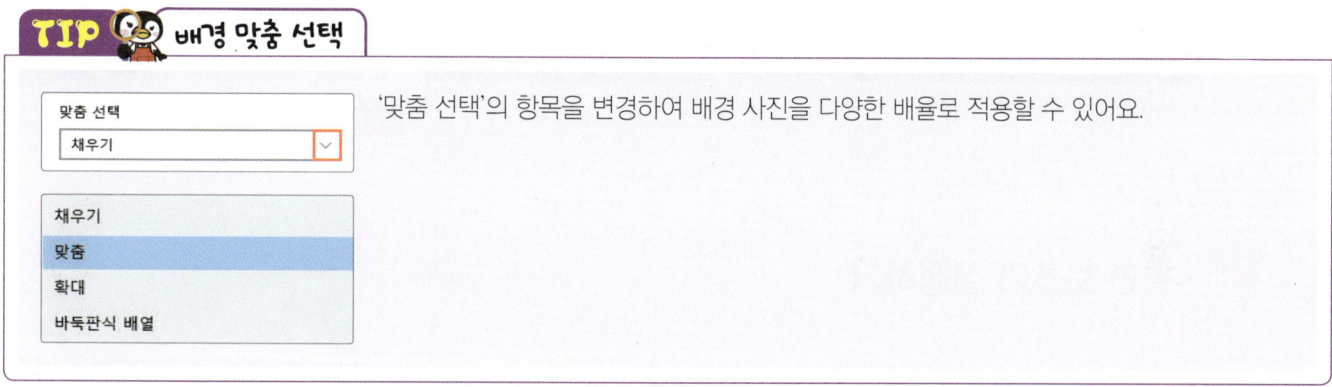

'맞춤 선택'의 항목을 변경하여 배경 사진을 다양한 배율로 적용할 수 있어요.

02 테마 컬러 변경하기

① 작업 표시줄의 [설정()]을 클릭한 후 [색] 탭에서 Windows 모드 선택과 기본 앱 모드 선택을 변경해 봅니다.

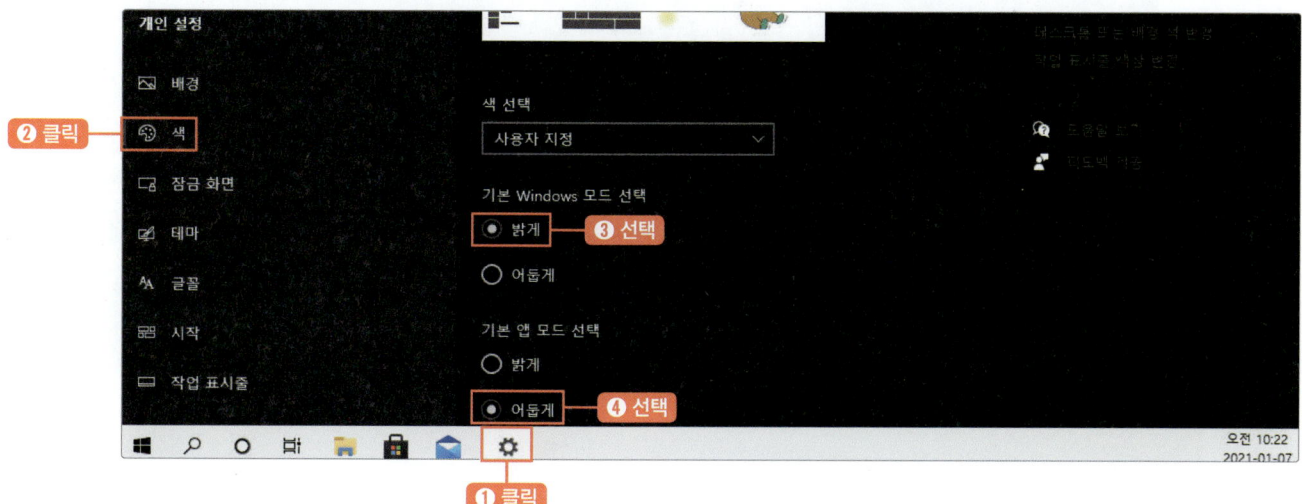

❷ 스크롤 바를 아래쪽으로 내려 Windows 색상표에서 원하는 테마 컬러를 선택한 후 [(시작)] 단추를 눌러 변경된 색상을 확인합니다.

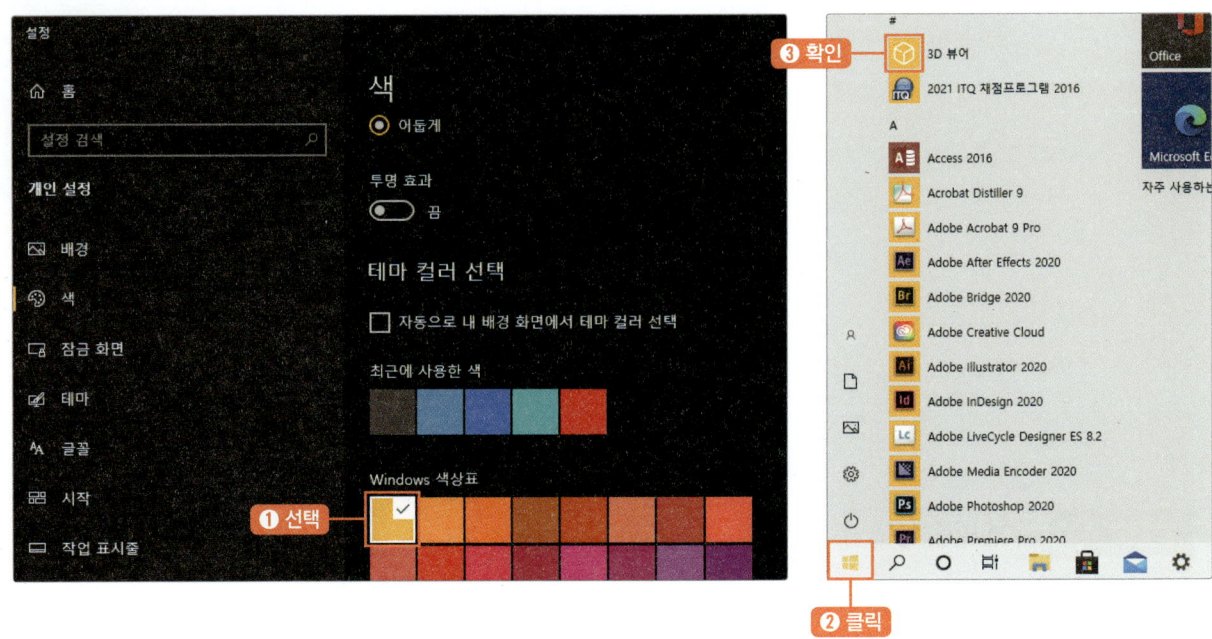

03 화면 보호기 설정하기

❶ [잠금 화면] 탭을 클릭한 후 스크롤 바를 맨 아래쪽으로 내려 '화면 보호기 설정'을 선택합니다.

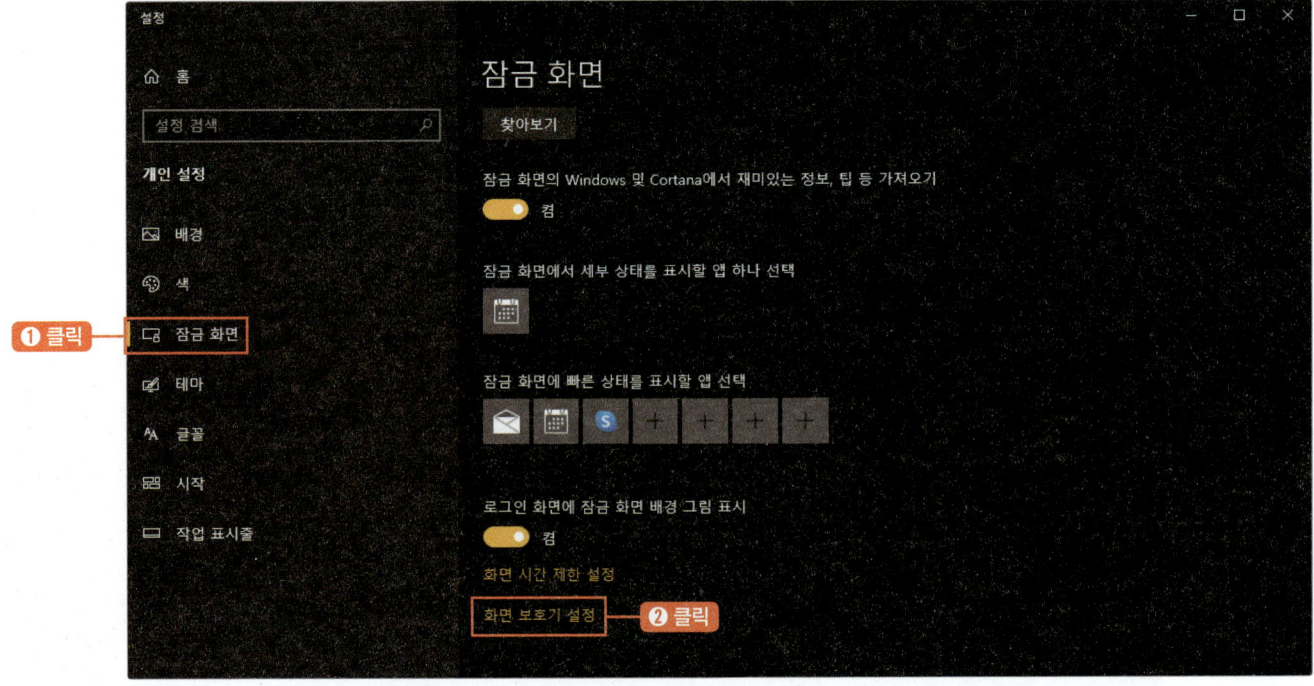

❷ 원하는 화면 보호기 효과를 선택한 후 대기를 1분으로 변경합니다. 이어서, <적용> 단추와 <확인> 단추를 순서대로 클릭합니다.

※ 화면 보호기는 대기 시간동안 컴퓨터로 아무 작업도 하지 않을 때 모니터를 보호하는 기능이에요.

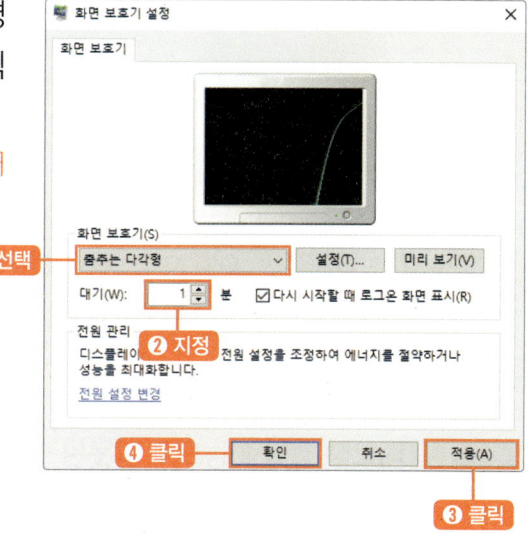

혼자서 뚝딱 뚝딱!

1 화면 보호기가 실행되도록 해보세요.
※ 화면 보호기를 설정한 후 1분 동안 키보드와 마우스를 건드리지 않는다면 화면 보호기가 실행될 거예요!

2 [15일차] 폴더 안에 '그림판_펭귄' 파일을 그림판 3D 앱으로 불러와 예쁘게 꾸며본 후 저장해보세요.

3 저장된 그림 파일을 배경 사진으로 지정해보세요.

CHAPTER 16 단원 종합 평가 문제

- 타자 프로그램을 이용하여 '자리연습 6단계'를 연습해봅니다.
- 9일차~15일차에서 배운 내용을 평가해봅니다.

선생님 확인	부모님 확인

1 메모장 앱의 기능으로 잘못된 것은 무엇일까요?

① 숫자를 입력할 수 있어요.   ② 특수기호를 입력할 수 있어요.
③ 한자를 입력할 수 있어요.   ④ 그림을 입력할 수 있어요.

2 엣지(Edge)의 화면 구성 내용 중 잘못된 것은 무엇일까요?

① 새 탭 : 새로운 탭을 활성화시켜 주소를 입력하면 원하는 사이트로 이동해요.
② 뒤로 / 앞으로 : 현재 페이지를 기준으로 '이전 페이지' 또는 '다음 페이지'로 이동해요.
③ 다시 실행 : 이전에 보았던 사이트로 다시 이동해요.
④ 주소 표시줄 : 사이트의 주소를 입력하여 해당 사이트로 바로 이동해요.

3 다음 중 3D 이미지로 올바른 것은 무엇일까요?

①    ②

③    ④

4 복잡한 계산을 빠르고 정확하게 할 수 있도록 도와주는 앱은 무엇일까요?

① 계산기 앱   ② 날씨 앱   ③ 메모장 앱   ④ 3D 뷰어 앱

5 그림판 3D 앱에서 클릭 한 번으로 넓은 면적에 색상을 칠할 수 있는 기능은 무엇일까요?

❶ 크레용( )   ❷ 채우기( )   ❸ 스프레이 캔( )   ❹ 마커( )

6 그림판 3D 앱에서 브러시를 이용할 때 브러시 주변을 자연스럽게 만들 수 있도록 도와주는 옵션은 무엇일까요?

❶ 두께

❷ 허용 오차

❸ 불투명도

❹ 자르기

7 그림판 3D 앱에서 어떤 기능을 이용하였을 때 보이는 화면일까요?

❶ 3D 보기   ❷ 확대/축소   ❸ 팔레트   ❹ 스프레이 캔

CHAPTER 17
우리 동네 소개하기

학습목표
- 타자 프로그램을 이용하여 '자리연습 6단계'를 연습해봅니다.
- 네이버 지도를 이용하여 우리 동네로 이동합니다.
- 지도의 날짜를 과거로 변경하여 변화된 우리 동네의 모습을 살펴봅니다.

창의력 플러스

처음 만난 친구에게 내가 살고있는 동네를 소개하려면 어떻게 설명하는 것이 좋을까요? 전철역, 병원, 학교, 경찰서, 은행, 마트, 도서관, 성당 등의 큰 건물 위주로 주변을 설명하면 빠르게 위치를 알 수 있어요. 우리 동네를 한 눈에 파악할 수 있는 약도를 그려보아요. '약도'란 지도를 간략하게 표현하여 그린 것을 의미해요.

1 우리 동네의 큰 건물은 어떤 것들이 있는지 적어보세요.

2 우리 학교를 기준으로 큰 건물들을 배치하여 우리 동네 약도를 그려보세요.

01 네이버 지도로 장소 검색하기

❶ [(시작)]-[Microsoft Edge()] 앱을 실행하여 '네이버'에 접속한 후 [지도]를 클릭합니다.
   ※ 네이버의 주소는 'naver.com'랍니다!

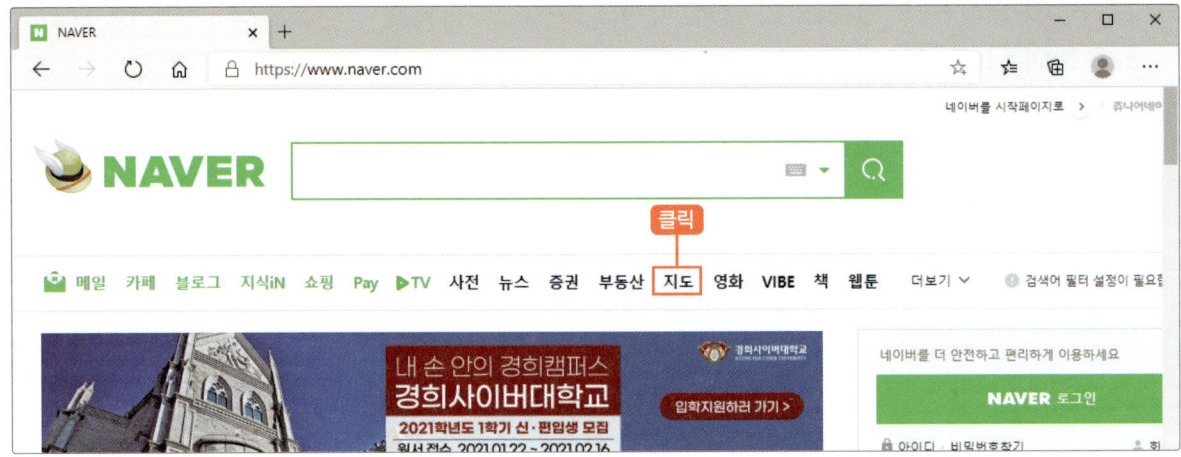

❷ 네이버 지도가 실행되면 내가 현재 다니고 있는 학교 이름을 검색합니다.

❸ 학교 이름이 검색되면 (거리뷰) 아이콘을 클릭합니다.

❹ 아래 방법을 참고하여 학교에서 우리집까지 찾아가봅니다.

① **휠을 굴리기** : 지도를 확대 또는 축소할 수 있어요.

② **방향키(←, →)** : 화면의 시점을 좌우로 변경할 수 있어요.

③ **왼쪽 버튼을 누른 채 드래그** : 화면의 시점을 자유롭게 조절할 수 있어요.

④ **방향키(↑, ↓)** : 방향에 맞추어 일정한 거리만큼 앞뒤로 이동할 수 있어요.

⑤ **더블 클릭** : 마우스가 있는 곳으로 한 번에 이동할 수 있어요.

02 지도의 날짜를 과거로 바꿔보기

❶ ←(뒤로 이동) 단추를 클릭하여 네이버 지도 첫 화면으로 이동합니다.

❷ 우리 동네에서 가장 가까운 지하철역 또는 기차역을 검색한 후 (거리뷰) 아이콘을 클릭합니다.

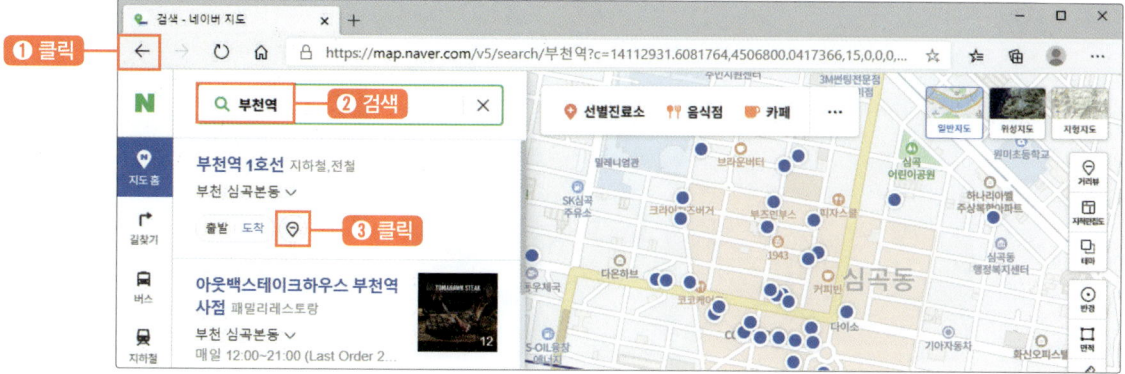

❸ 지도 아래쪽의 날짜를 클릭하여 과거 날짜로 변경합니다.

※ 해당 날짜는 거리뷰 지도가 작업된 시기이며 장소에 따라 날짜가 다르게 나타날 거예요.

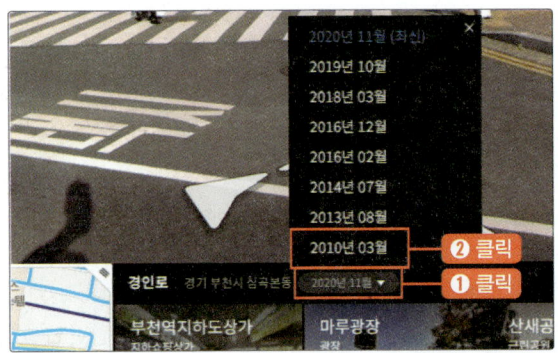 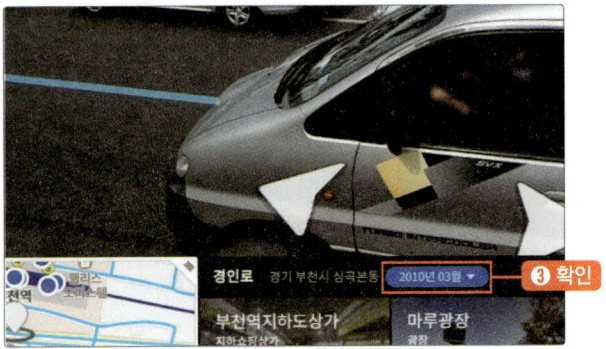

❹ 주변을 둘러보면서 과거와 현재의 모습을 비교하며 살펴봅니다.

 **주변 항공뷰 기능을 이용하여 이동하기**

❶ 지도 오른쪽의 ✈ (주변 항공뷰) 아이콘을 선택한 후 원하는 장소를 더블 클릭합니다.

※ 지도 위치에 따라 '✈(주변 항공뷰)' 아이콘이 보이지 않을 수도 있어요. 이런 경우에는 지도의 위치를 다른 장소로 변경해보세요.

❷ 선택한 장소로 한 번에 이동된 것을 확인합니다.

 **혼자서 뚝딱 뚝딱!**

① 네이버 [지도]에서 '협재해수욕장'을 검색한 후 ✈(주변 항공뷰) 기능을 이용하여 제주도의 멋진 바다를 감상해보세요.

② 네이버 [지도]에서 '에버랜드'를 검색한 후 ◉(거리뷰) 기능을 이용하여 재미있는 놀이공원을 즐겨보세요.

※ ✈(주변 항공뷰)를 이용하면 원하는 테마 구역으로 한 번에 이동할 수 있어요.

CHAPTER 18
포토모자이크 작품 만들기

학습목표

- 타자 프로그램을 이용하여 '낱말연습 6단계'를 연습해봅니다.
- 인터넷에서 원하는 사진을 다운로드합니다.
- 포토모자이크 프로그램(앱)을 이용하여 멋진 작품을 만들어봅니다.

창의력 플러스

오늘은 수많은 이미지의 크기를 픽셀 단위로 줄여서 만든 멋진 모자이크 작품을 감상해 보도록 해요. 아래 작품은 어떤 그림일까요?

TIP

모자이크 작품은 멀리서 볼수록 더욱 선명하게 보인답니다!

01 인터넷을 이용하여 이미지 다운로드하기

❶ [(시작)]-[Microsoft Edge( )] 앱을 실행하여 '네이버'에 접속한 후 원하는 인물 또는 캐릭터의 이름을 검색합니다.

※ 네이버의 주소는 'naver.com'랍니다!

❷ [이미지]를 클릭한 후 검색 옵션의 원본이미지크기를 '고화질'로 변경합니다.

※ 포토모자이크의 메인 사진은 고화질 이미지로 저장하도록 해요. 또한 하나의 인물(또는 캐릭터)이 크게 나와있는 사진으로 만든 작품이 더 멋질 거예요!

❸ 원하는 이미지 위에서 마우스 포인터가 모양으로 변경되면 해당 사진을 클릭합니다.

❹ 오른쪽에 큰 이미지가 활성화되면 마우스 오른쪽 버튼을 눌러 [(으)로 이미지 저장]을 클릭합니다.

❺ 저장 경로 및 파일 이름을 지정한 후 <저장> 단추를 클릭하여 그림을 저장합니다. 이어서, [Microsoft Edge( )] 앱을 종료합니다.

02 포토모자이크 프로그램(앱) 실행하기

① [18일차] 폴더 안에 '포토모자이크' 파일을 설치한 후 프로그램(앱)을 실행합니다.

② 상단 메뉴에서 [New( )]를 선택한 후 <예> 단추를 클릭합니다.

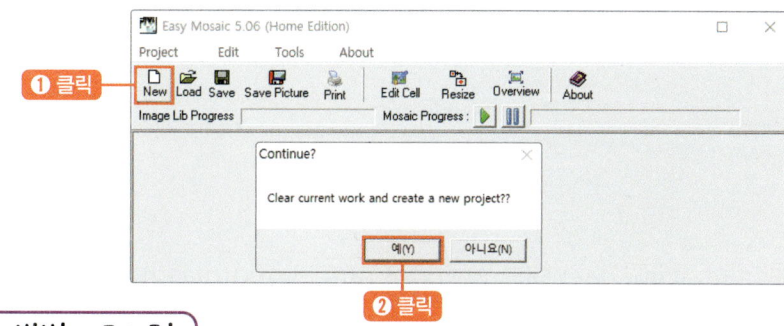

TIP 포토모자이크 프로그램(앱)의 설치 방법과 주의점

[18일차] 폴더 안에 '포토모자이크' 파일을 더블 클릭한 후 예(Y) , Next > , Install , Finish 단추를 눌러 간편하게 설치할 수 있습니다. 해당 프로그램은 설치 기준 날짜로부터 20일 동안만 사용할 수 있으니 참고해주세요!

03 포토모자이크 작품 만들기

① [New Project] 대화상자가 나오면 [Main Image] 탭에서 <Load Main Image> 단추를 클릭한 후 인터넷에서 다운로드한 이미지를 찾아 선택합니다.

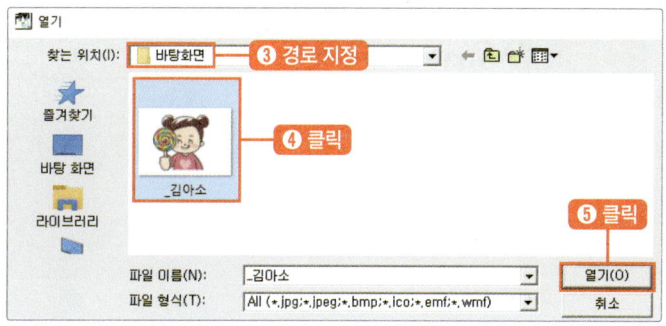

❷ [Mosaic Size] 탭을 클릭한 후 그림과 같이 픽셀 개수, 픽셀 사이즈, 해상도를 지정합니다.

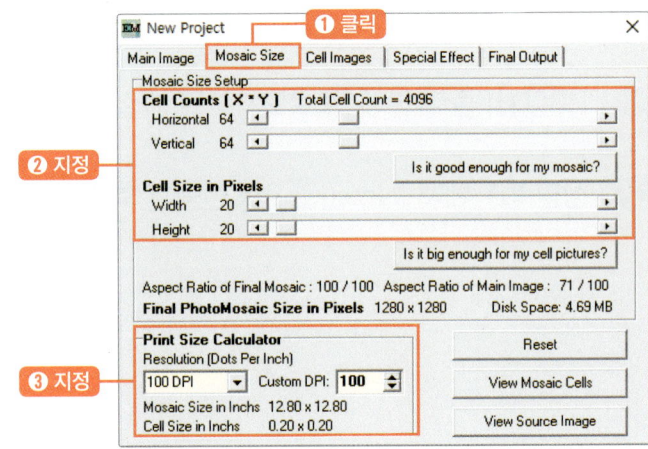

❸ [Cell Images] 탭을 클릭하여 여러 개의 이미지가 등록된 것을 확인합니다.
※ <Add Picture> 단추를 눌러 작은 모자이크 사진들을 원하는 이미지로 등록할 수 있어요.

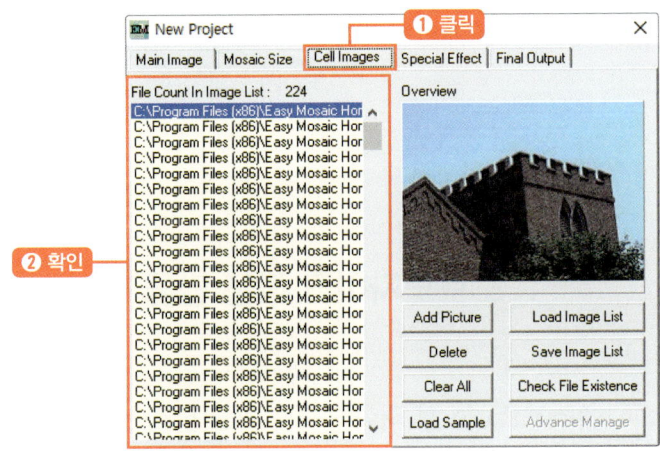

❹ [Final Output] 탭을 클릭하여 <Start Render> 단추를 눌러 포토모자이크 작품을 만들어봅니다.

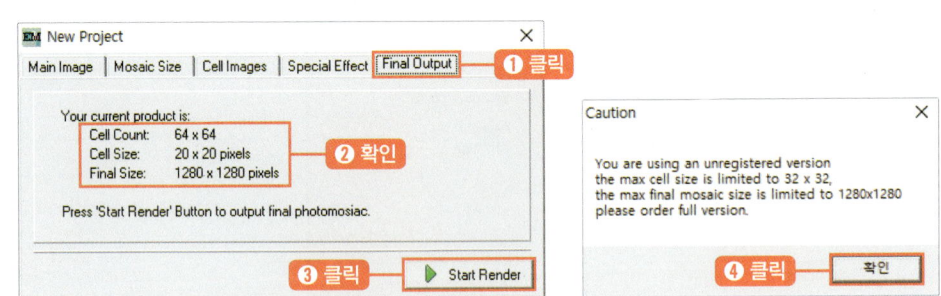

TIP 기다려도 아무 반응이 없어요!

컴퓨터의 시스템 환경 및 이미지의 크기에 따라 작업 시간이 길어질 수 있습니다. 기다리는 동안 마우스 또는 키보드를 누르게 되면 오류가 생기면서 프로그램이 종료될 수 있으니 천천히 기다려봅니다.

⑤ 모자이크 작품이 완료되면 <확인> 단추를 클릭합니다.

⑥ 상단 메뉴에서 [Save Picture( )]를 선택한 후 저장 경로, 파일 이름, 파일 형식을 지정하고 <저장> 단추를 클릭합니다.

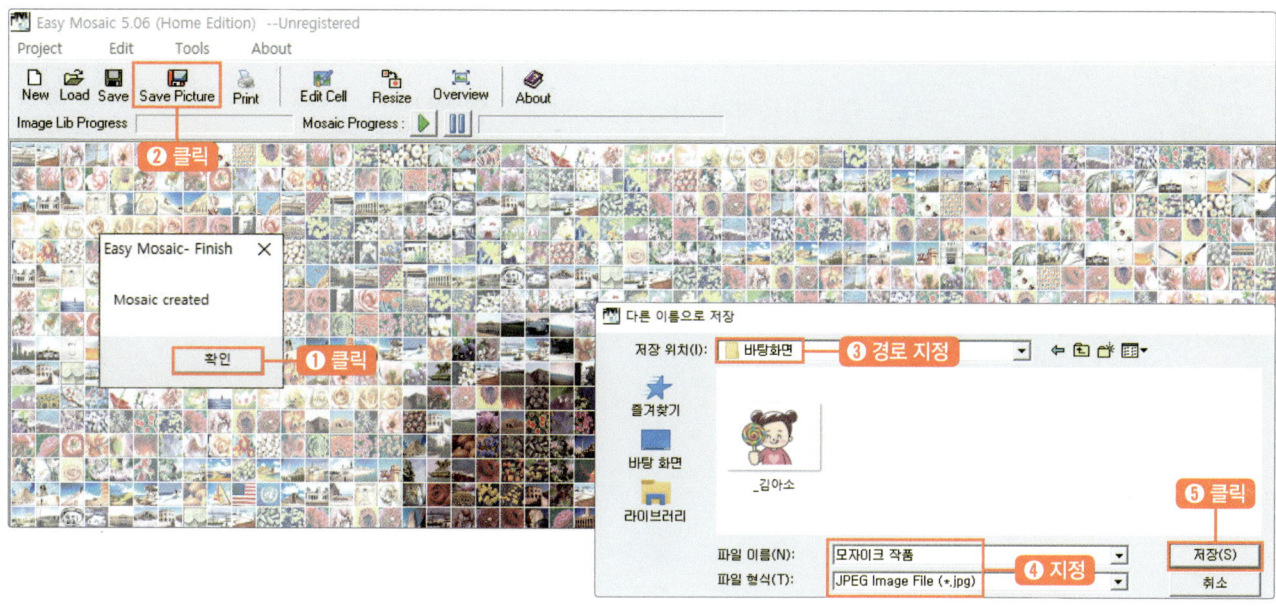

① 인터넷에서 새로운 사진을 다운로드하여 여러 가지 포토모자이크 작품을 만들어보세요.

CHAPTER 19 코딩 초보 탈출하기

> **학 습 목 표**
> - 타자 프로그램을 이용하여 '자리연습 7단계'를 연습해봅니다.
> - 코딩이란 무엇인지 알아봅니다.
> - 마인크래프트 코딩을 해봅니다.

배울내용 미리보기!

창의력 플러스

컴퓨터에게 어떠한 작업을 시키기 위해서는 컴퓨터가 알아들을 수 있는 언어가 반드시 필요해요. 우리는 코딩 프로그램(컴퓨터 언어)을 이용하여 컴퓨터에게 원하는 작업을 시킬 수 있답니다! 아래 문제의 정답을 찾아보고, 컴퓨터는 어떻게 문제를 처리할지 생각해보세요.

1 손을 씻는 순서에 대한 내용을 읽고 손씻기 순서로 알맞은 그림 번호를 적어보세요.

세균이 묻어있는 손에 물을 묻힌 후 비누를 사용하여 손바닥에 거품을 내요. 손깍지 모양을 만들어 문지른 후 손톱 사이에 끼어있는 먼지를 제거하도록 해요. 거품을 흐르는 물로 헹궈낸 후 수건으로 말리면 손 씻기 완료!

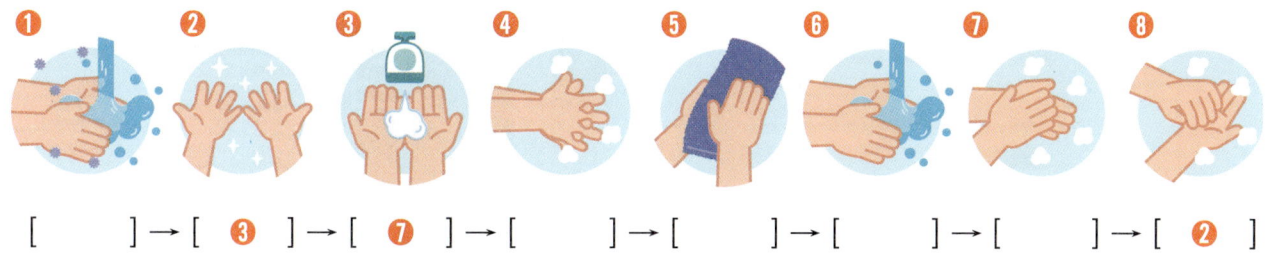

[ ] → [❸] → [❼] → [ ] → [ ] → [ ] → [ ] → [❷]

2 다음과 같은 규칙으로 동물들을 나열한다면, 비어있는 자리에 들어가게 될 동물은 누가 될까요? 간단하게 그림으로 그려보세요.

01 마인크래프트 코딩 프로그램(앱)을 설치한 후 실행하기

❶ [19일차] 폴더 안에 'MC 코딩' 파일을 더블 클릭한 후 아래 순서를 참고하여 프로그램(앱)을 설치해봅니다.

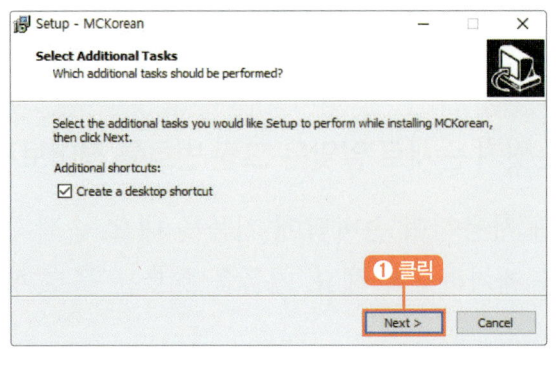
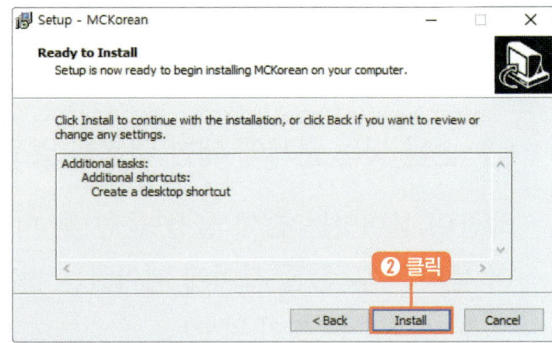
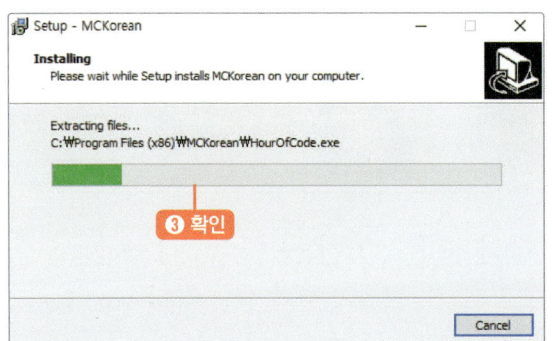

❷ 설치가 완료되고 해당 프로그램이 자동으로 실행되면 [소개 프레젠테이션]의 ⊠ 단추를 눌러 영상을 종료합니다.

❸ 캐릭터 선택 화면이 나오면 원하는 캐릭터를 <선택>합니다.

 **1단계 코딩하기**

① 1단계 코딩 과제를 읽어본 후 <확인>을 클릭합니다.

② ▶실행 을 클릭하여 캐릭터가 어떻게 움직이는지 확인한 후 처음 상태로 를 클릭합니다.

TIP 양에게 다가가려면 어떻게 해야 할까요?

▶실행 을 클릭했을 때 캐릭터가 양이 있는 곳까지 도착하기 위해 움직일 수 있는 칸이 부족했습니다. 명령어 블록을 추가하여 양이 있는 곳까지 도달하도록 코딩해봅시다.

③ 앞으로 이동 명령 블록을 그림과 같이 드래그하여 연결한 후 ▶실행 을 클릭하여 캐릭터가 양에게 다가가는지 확인해봅니다.

④ <계속하기>를 클릭하여 2단계로 이동합니다.

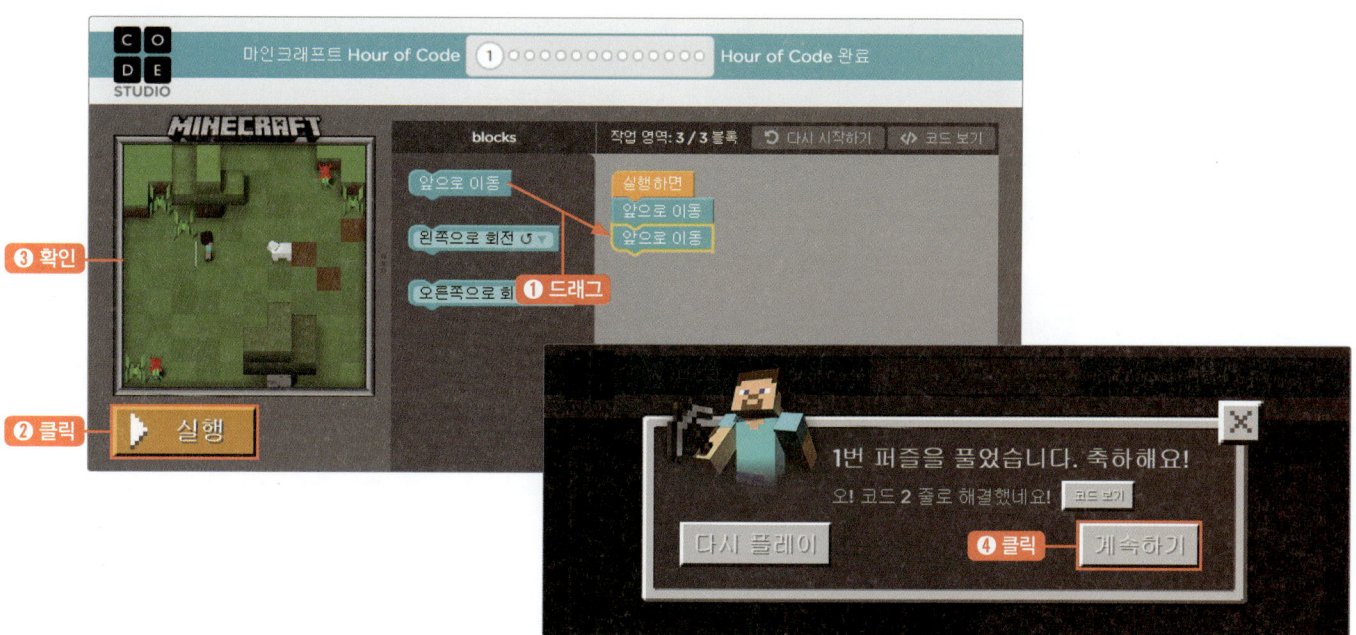

TIP 블록 삭제 및 캐릭터 이동 간격

1. '▶ 실행' 아래쪽을 보면 작은 글씨로 코딩 과제를 확인할 수 있으며, 해당 과제를 클릭하면 전체 화면으로 과제 내용을 확인할 수 있습니다.
2. 명령 블록을 잘 못 가져다 놓았을 경우 [blocks] 쪽으로 드래그하거나 Delete 키를 눌러 삭제할 수 있습니다.
3. 바닥의 '네모 모양()'은 캐릭터가 이동할 수 있는 간격으로 해당 칸의 수만큼 '앞으로 이동' 명령 블록을 연결하여 캐릭터를 이동시킬 수 있습니다. 1단계에서 캐릭터와 양까지의 거리는 '네모 모양 ()'이 2칸이므로 '' 명령 블록을 2개 연결하여 캐릭터가 양까지 이동하도록 코딩한 것입니다.

03 2단계~5단계 코딩하기

1. 2단계 코딩 과제를 확인한 후 blocks를 이용하여 코딩 작업을 합니다.

   2/14번째 코딩 과제 : 나무는 매우 중요한 자원입니다. 나무로 많은 것들을 만들 수 있지요. 나무로 걸어 간 후 "블록 부수기" 명령을 이용해 나무를 베세요.

   힌트 캐릭터와 나무까지의 칸 수를 확인하여 '앞으로 이동'을 연결한 후 '블록 부수기'를 연결합니다.

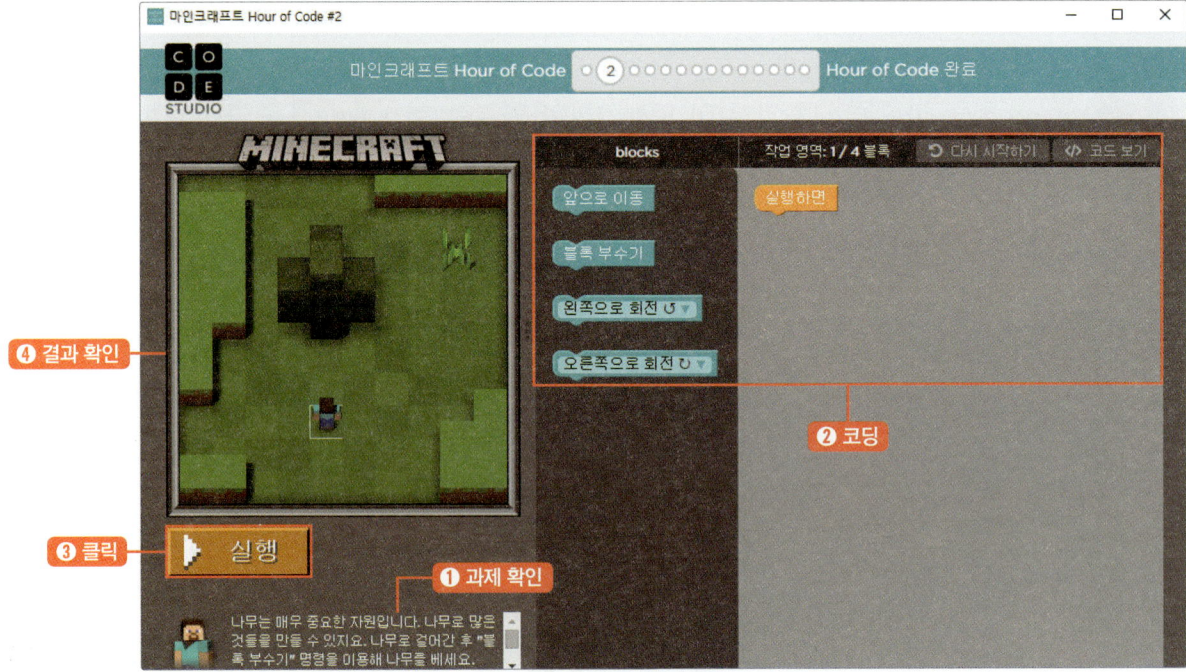

❷ 3단계 코딩 과제를 확인한 후 blocks를 이용하여 코딩 작업을 합니다.

3/14번째 코딩 과제 : 양털 깎기 시간이에요! 두 마리 양에게서 양털을 채집하려면, "털 깎기" 명령을 사용하세요.

> **힌트**
> ① 캐릭터와 첫 번째 양까지의 칸 수를 확인하여 ' 앞으로 이동 '을 연결한 후 ' 털 깎기 '를 연결합니다.
> ② 첫 번째 양의 위치에서 두 번째 양의 위치로 방향을 바꾸기 위해 ' 오른쪽으로 회전 ↻ '을 연결한 후 ①번처럼 코딩합니다.

❸ 4단계 코딩 과제를 확인한 후 blocks를 이용하여 코딩 작업을 합니다.

4/14번째 코딩 과제 : 해가 지기 전에 집을 지어야 해요. 집을 지으려면 나무가 많이 필요하죠. 나무 3그루를 모두 베세요.

> **힌트**
> ① 첫 번째 나무를 베는 것은 이미 코딩이 되어 있기 때문에 두 번째와 세 번째 나무를 베는 것만 코딩합니다.
> ② 캐릭터와 두 번째 나무까지의 칸 수를 확인하여 ' 앞으로 이동 '을 연결한 후 ' 블록 부수기 '를 연결합니다.
> ③ 세 번째 나무 위치로 방향을 바꾸기 위해 ' 왼쪽으로 회전 ↻ '을 연결한 후 ②번처럼 코딩합니다.

❹ 5단계 코딩 과제를 확인한 후 blocks를 이용하여 코딩 작업을 합니다.

5/14번째 코딩 과제 : 모든 집은 벽을 짓는 것부터 시작합니다. "놓기"와 "앞으로 이동" 명령을 반복문 안에 놓아서 집의 첫 번째 부분을 지어보세요.

> **힌트**
> ① 반복문을 이용하면 한 번의 실행으로 여러 번의 작업을 할 수 있습니다.
> ② 캐릭터가 4개의 흙바닥 칸을 이동하면서 4개의 자작나무 판자를 놓기 위하여 '  ' 안쪽에 ' 놓기: 자작나무 판자 ▼ '와 ' 앞으로 이동 '을 연결합니다.
> ※ 명령 블록을 연결할 때 '놓기' → '앞으로 이동' 순서로 작업합니다.
> ③ '놓기'와 '앞으로 이동' 작업의 반복 횟수는 '4'로 지정합니다.

CHAPTER 19 혼자서 뚝딱 뚝딱!

❶ 다음 단계의 코딩 과제를 확인한 후 스스로 문제를 해결해보세요.

CHAPTER 20

3D 큐브로 캐릭터 만들기

- 타자 프로그램을 이용하여 '자리연습 7단계'를 연습해봅니다.
- 3D 큐브를 이용하여 마인크래프트 캐릭터를 만들어봅니다.

창의력 플러스

큐브(cube)는 '정육면체, 네모 썰기 한 것, 쌓기 하는 나무 조각' 등의 뜻을 가지고 있어요. 아래 그림을 보고 쌓여있는 큐브의 개수를 세어보세요.

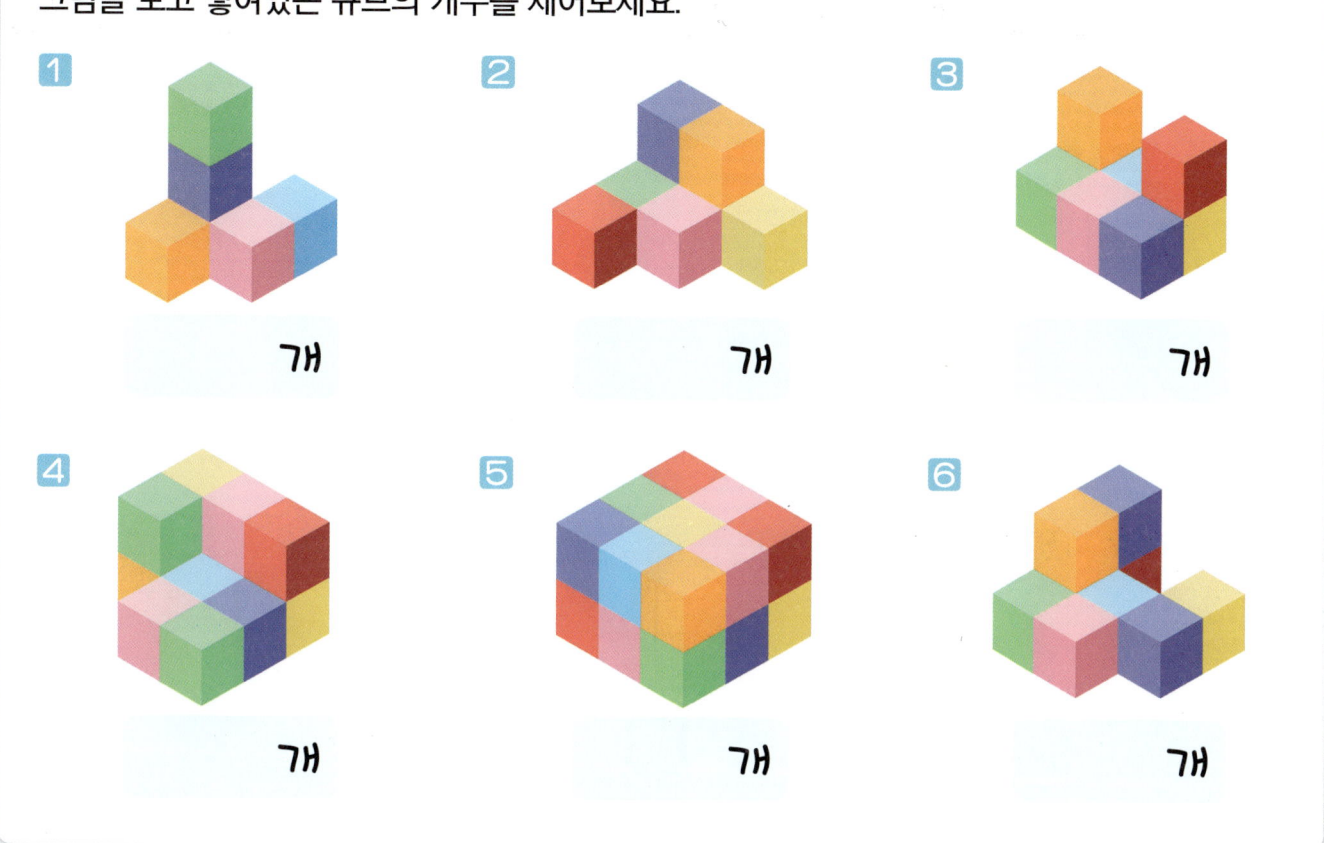

01 캐릭터의 얼굴 모양 만들기

❶ [■(시작)]-[Microsoft Edge()] 앱을 실행하여 주소 입력 칸에 'usecubes.com/design'을 입력한 후 Enter 키를 누릅니다.

※ 주소 앞쪽에 'www'는 붙이지 않아요.

❷ 상단 메뉴에서 색칠하기 를 클릭한 후 살구색을 선택합니다.

❸ 큐브를 클릭하여 색을 칠한 후 빈 공간을 드래그하여 큐브의 한 쪽 면만 보이도록 방향을 변경합니다.

❹ 상단 메뉴에서 제작하기 를 클릭한 후 큐브를 위쪽으로 3칸 드래그합니다.
 ※ Ctrl + Z 키를 누르거나 되돌리기 를 클릭하여 이전 작업으로 돌아갈 수 있어요.

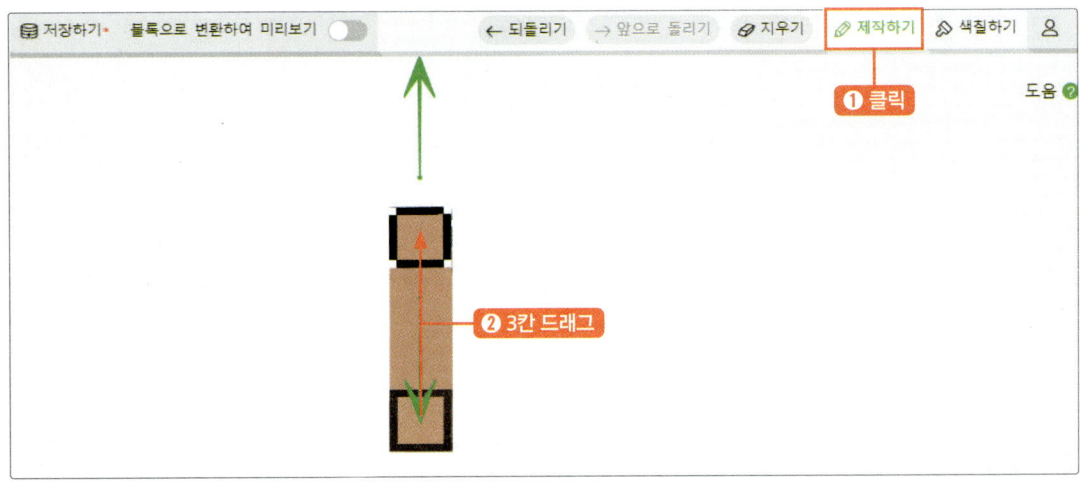

❺ 특정 큐브를 더블 클릭하여 모든 큐브를 선택한 후 오른쪽으로 3칸 드래그합니다.
 ※ Space Bar 키를 누른 채 드래그하면 개체의 위치를 조절할 수 있어요.

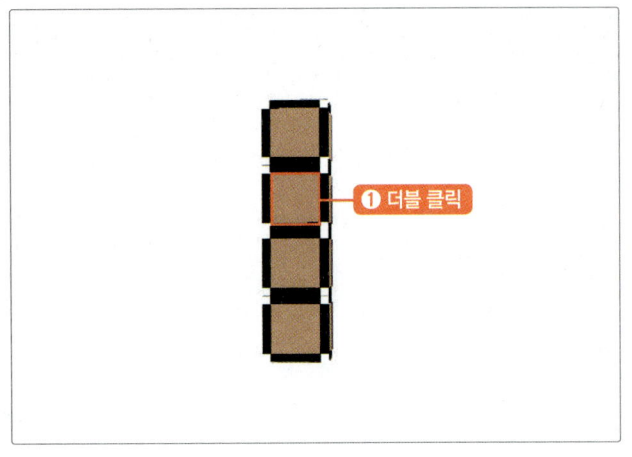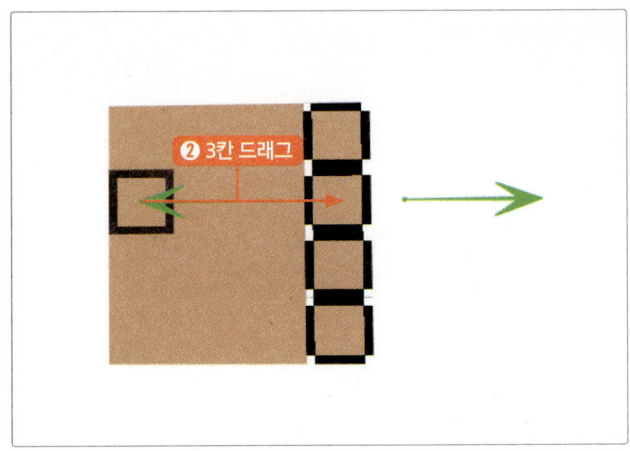

❻ 큐브가 없는 빈 공간을 드래그하여 아래 그림과 같이 입체적으로 보이도록 변경합니다.

❼ 이어서, 특정 큐브를 더블 클릭하여 모든 큐브를 선택한 후 왼쪽으로 4칸 드래그합니다.

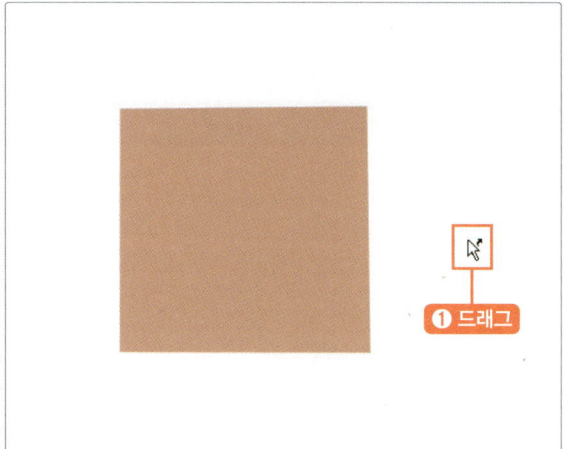

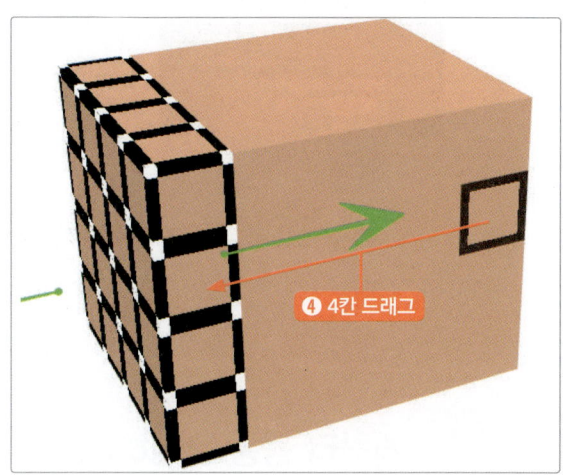

❽ 빈 공간을 드래그하여 큐브의 넓은쪽 면이 보이도록 방향을 변경합니다.

02 캐릭터 얼굴 색칠하기

1. 상단 메뉴에서 색칠하기를 클릭한 후 검정색을 선택합니다.

2. 빈 공간을 드래그하여 각도를 바꿔가면서 머리 부분을 색칠합니다.
   ※ 색칠하려는 면적이 넓은 곳은 드래그하여 연속으로 색상을 채울 수 있어요.

3. 동일한 방법으로 아래 그림을 참고하여 캐릭터 얼굴을 완성합니다.
   ※ 3D 개체를 색칠할 때는 화면을 회전하여 보이지 않는 부분까지 색상이 채워졌는지 확인하면서 작업하도록 해요!

03 캐릭터 몸통 완성하기

1. 상단 메뉴에서 제작하기를 클릭한 후 다음과 같이 큐브를 선택하여 아래쪽으로 15칸 드래그합니다.
   ※ Shift 키를 누른 채 연속된 큐브를 선택할 수 있어요.

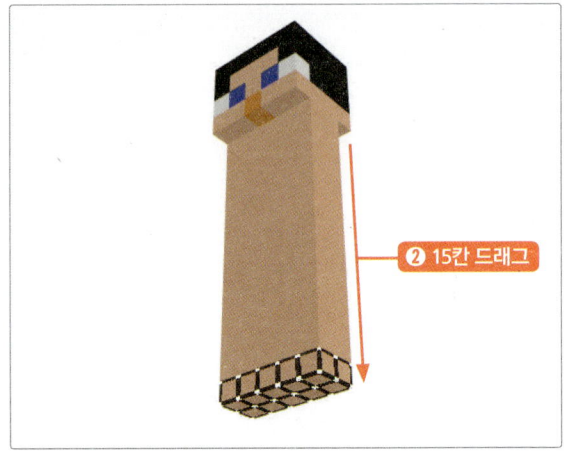

❷ 동일한 방법으로 어깨(옆으로 2칸)와 팔(아래로 4칸)을 작업합니다.

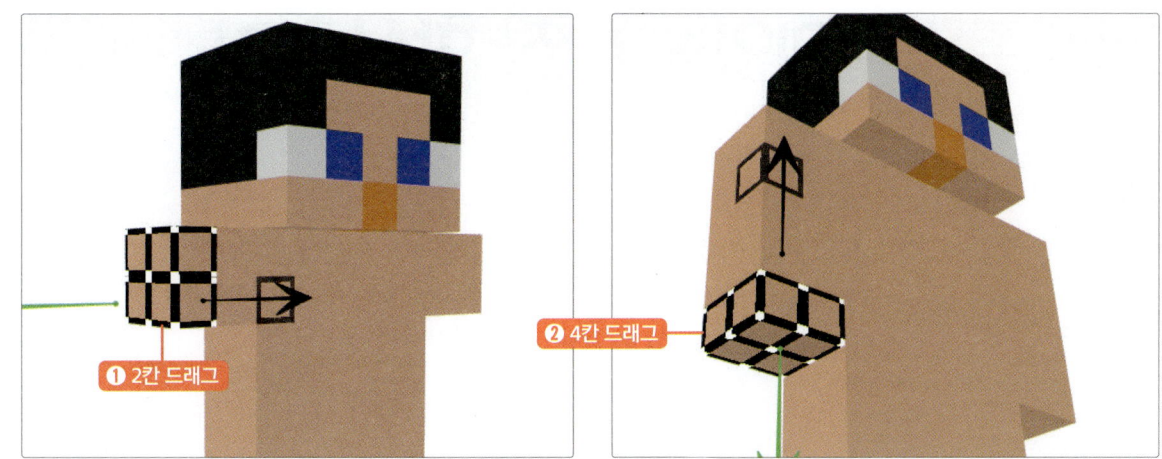

❸ 상단 메뉴에서 색칠하기 를 클릭한 후 아래 그림을 참고하여 캐릭터 몸통을 완성합니다.

CHAPTER 20 혼자서 뚝딱 뚝딱!

① '제작하기'와 '색칠하기' 기능을 이용하여 캐릭터를 여러 가지 스타일로 바꿔보세요.

CHAPTER 21 재미있는 사진 합성하기

학 습 목 표

- 타자 프로그램을 이용하여 '낱말연습 7단계'를 연습해봅니다.
- 포토퍼니아에서 사진을 합성해봅니다.
- 합성한 사진을 저장해봅니다.

창의력 플러스

1. '사진'과 동일한 초성을 가진 단어를 찾아서 적어보고 발표해보세요.

   예) 사자

2. '합성'과 동일한 초성을 가진 단어를 찾아서 적어보고 발표해보세요.

   예) 호수

01 포토퍼니아 사이트 접속하기

1. [(시작)]-[Microsoft Edge( )] 앱을 실행하여 주소 입력 칸에 '포토퍼니아'를 검색한 후 'https://photofunia.com' 주소를 포함하는 사이트를 선택합니다.

   ※ 주소 입력 칸에 'photofunia.com'을 직접 입력하여 접속하는 방법도 있어요.

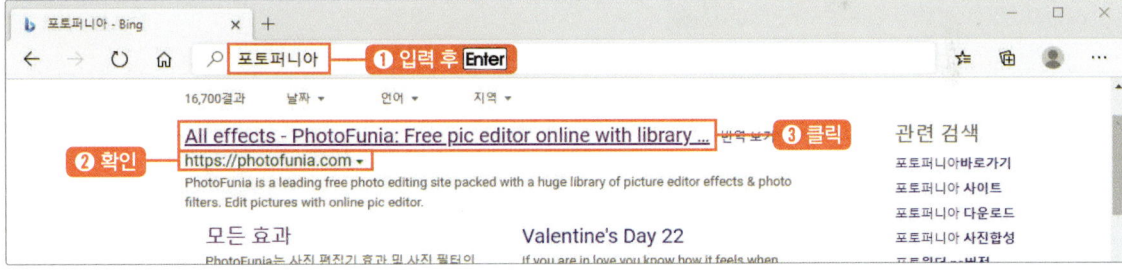

2. 포토퍼니아 홈페이지가 열리면 스크롤 바를 맨 아래쪽으로 내려 'All languages'-'한국어'를 클릭합니다.

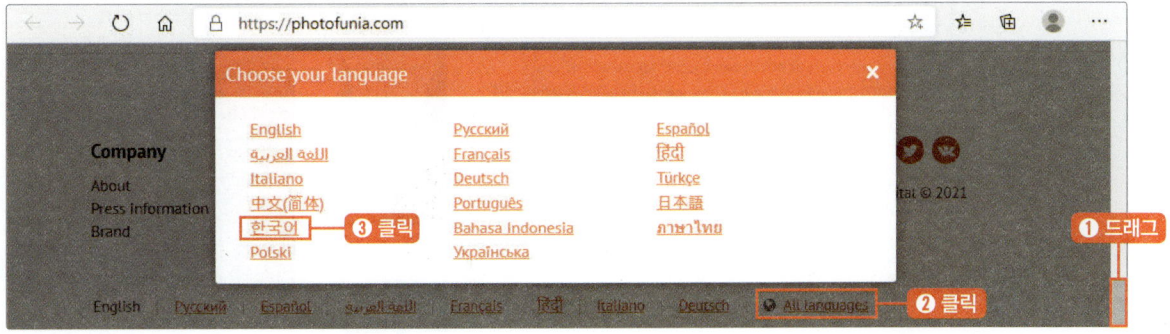

Chapter 21 재미있는 사진 합성하기 • 117

02 포토퍼니아로 사진 합성하기

① 왼쪽 카테고리에서 [갤러리]를 클릭하여 그림 스냅을 선택합니다.

※ 해당 사이트에서 제공되는 여러 가지 이미지는 업데이트 등으로 인하여 변경될 수 있어요.

② `사진 선택`을 클릭하여 [사진 선택] 대화상자가 나오면 `PC에서 업로드`를 눌러 [21일차]에서 원하는 이미지를 선택합니다.

③ [사용하고자 하는 영역을 선택] 대화상자가 나오면 `자르기`를 클릭합니다.

※ 대각선의 조절점(◼)을 이용하여 사진의 크기를 조절할 수 있어요!

④ 파일이 업로드되면 `이동`을 클릭한 후 결과를 확인합니다.

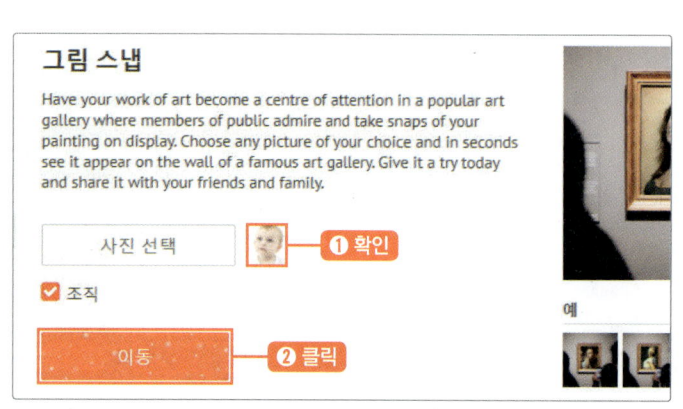

❺ '다운로드'에서 '대'를 선택하여 완성된 작품을 저장합니다.

 **혼자서 뚝딱 뚝딱!**

① [포스터]-나이트 모션 효과를 찾아 원하는 사진과 합성한 후 저장해보세요.
※ 해당 이미지는 움직이는 사진 형식(gif)으로 저장할 수 있어요.

② [포도 수확]-오래된 카메라 효과를 찾아 원하는 사진과 합성한 후 저장해보세요.

③ 인터넷에서 원하는 이미지를 저장하여 다양한 방법으로 합성한 후 친구들과 공유해보세요.

CHAPTER 22
애니메이션으로 장래희망 소개하기

학습목표
- 타자 프로그램을 이용하여 '자리연습 8단계'를 연습해봅니다.
- 플레이헨리 사이트에 접속한 후 회원가입을 합니다.
- 배경을 변경하고 캐릭터를 생성하여 애니메이션을 만들어봅니다.

창의력 플러스

나의 미래 직업을 상상해보고 간단히 글로 설명해보세요.

> **예** 나는 아나운서가 되고 싶어요. 예쁜 모습으로 뉴스에서 매일 아침 날씨를 알려줄 거예요.

01 플레이헨리 사이트에 접속한 후 가입하기

❶ [■(시작)]-[Chrome()] 앱을 실행하여 주소 입력 칸에 'aso.playhenry.net'를 입력한 후 Enter 키를 누릅니다.

※ aso.playhenry.net은 반드시 크롬 브라우저에서만 실행이 가능해요!

❷ 플레이헨리 사이트에 접속되면 오른쪽 상단의 로그인 을 눌러 '가입하기'를 클릭합니다.

❸ 아이디, 비밀번호, 비밀번호를 순서대로 입력한 후 <계속하기>를 클릭합니다.
※ '이미 존재하는 아이디입니다.'라는 문구가 나오면 새로운 아이디를 입력해 주세요.

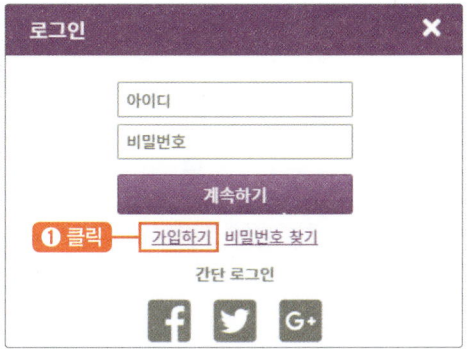 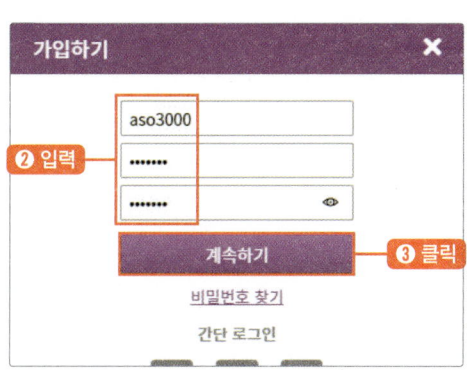

Chapter 22 애니메이션으로 장래희망 소개하기 • **121**

02 무대를 변경한 후 캐릭터 만들기

① 로그인이 완료되면 왼쪽 상단의 <새 스토리>를 클릭합니다.

② 새로운 스토리가 나오면 을 클릭하여 원하는 무대 배경을 선택합니다. 동일한 방법으로 을 눌러 무대 바닥을 변경합니다.

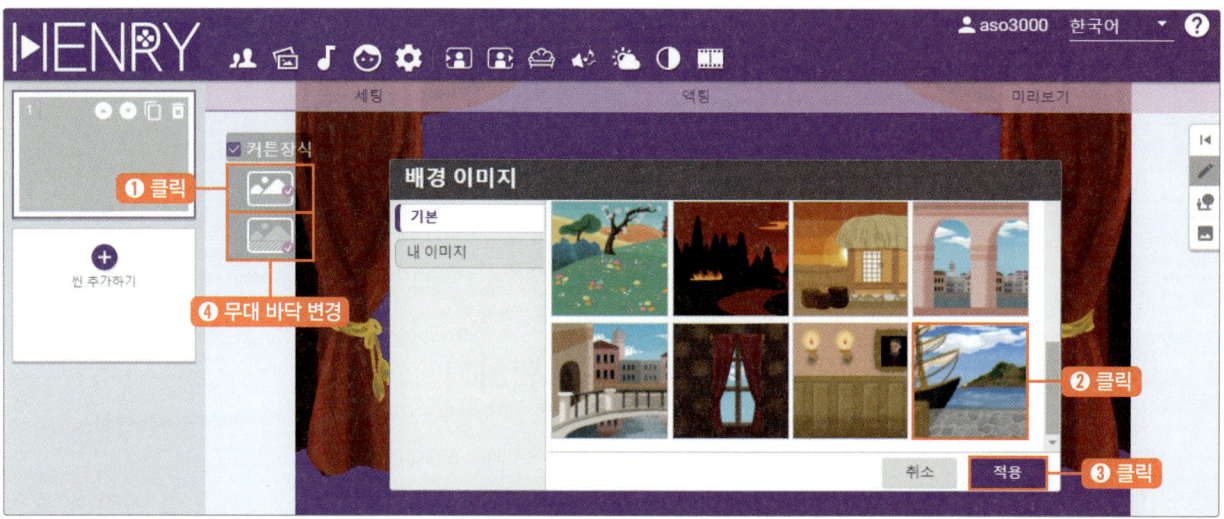

③ 상단 메뉴에서 [액터 매니저( )]를 클릭합니다. 이어서, 새로운 창이 열리면 자신의 이름을 입력한 후 나의 미래 모습을 상상하며 캐릭터로 만들어봅니다.

03 캐릭터를 무대로 등장시킨 후 대사를 입력하기

① 액팅 탭을 눌러 [등장(👤)]을 클릭합니다. 이어서, 내 이름을 선택한 후 <등장 위치 선택>으로 캐릭터를 등장시킵니다.

 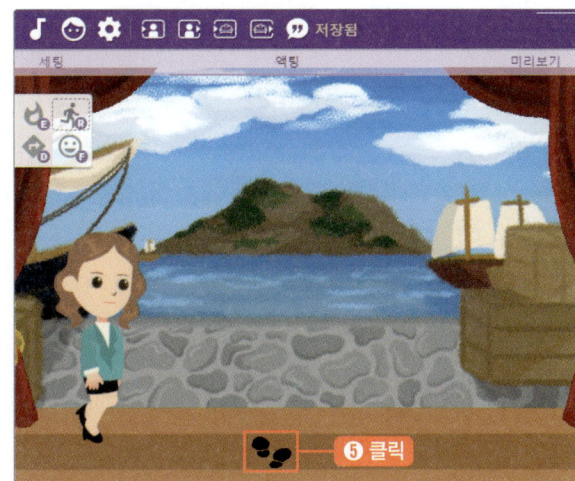

② 무대의 캐릭터를 선택한 후 대사(💬)를 클릭합니다. 이어서, 나의 장래희망과 관련된 재미있는 대사를 입력한 후 <적용>을 클릭합니다.

※ 미리보기 탭을 눌러 적용된 애니메이션을 확인할 수 있어요!

CHAPTER 22 혼자서 뚝딱 뚝딱!

① [액터 매니저(👥)] 대화상자에서 오른쪽 상단 아이콘을 클릭하여 더 많은 캐릭터를 만들어보세요.

② 완성된 캐릭터를 모두 무대로 등장시켜보세요.

CHAPTER 23
플레이헨리로 나만의 동화 만들기

학습목표
- 타자 프로그램을 이용하여 '자리연습 8단계'를 연습해봅니다.
- 여러 가지 액션을 적용하는 방법을 알아봅니다.
- 완성된 애니메이션을 저장해봅니다.

창의력 플러스

1️⃣ 내가 알고있는 스토리(동화, 만화, 영화 등) 중에서 내용이나 결말을 변경하고 싶은 부분을 떠올린 후 적어보세요.

- 어떤 장면이었나요? 제목과 간단한 내용을 적어보세요.

- 만약 내가 작가라면 해당 장면을 어떻게 바꾸고 싶은가요?

01 플레이헨리에 접속한 후 기본 세팅 완료하기

❶ [⊞(시작)]-[Chrome(◯)] 앱을 실행하여 주소 입력 칸에 'aso.playhenry.net'를 입력한 후 Enter 키를 누릅니다.

※ aso.playhenry.net은 반드시 크롬 브라우저에서만 실행이 가능해요!

❷ 를 눌러 무대가 활성화되면 무대를 꾸민 후 필요한 캐릭터를 모두 만들어봅니다.

※ 캐릭터는 2명~5명 정도로 만들어보세요.

❷ 캐릭터 만들기

❶ 무대 꾸미기

▲ 산신령   ▲ 착한나무꾼   ▲ 나쁜나무꾼

Chapter 23 플레이헨리로 나만의 동화 만들기 • 125

02 나레이션과 대사 넣기

❶ 액팅 탭을 눌러 상단 메뉴에서 [💬(나레이션)]을 클릭한 후 동화의 전개 내용을 간단하게 입력합니다.

❷ 세팅 탭에서 [등장(👤)]을 클릭하여 필요한 등장 인물을 무대로 등장시킵니다.

TIP 액터 등장시키기
- 세팅 탭에서의 등장 : 애니메이션이 시작될 때부터 무대에 액터가 세팅되도록 지정함
- 액팅 탭에서의 등장 : 원하는 상황에 지정한 무대 위치로 액터를 등장시킬 수 있음

❸ 액팅 탭에서 캐릭터를 선택한 후 대사(💬)를 입력합니다.

03 여러 가지 액션 넣기

① 무대의 캐릭터가 선택된 상태에서 제스처( )를 클릭한 후 상황에 알맞은 제스처를 선택합니다.

TIP 액션을 편집하기

오른쪽 액션 편집 창에서 현재 캐릭터에 적용된 액션들을 모두 확인할 수 있습니다.

① 액션을 드래그하여 순서를 바꿀 수 있습니다.
② Shift 키를 누른 채 여러 개의 액션을 선택한 후 그룹( )으로 지정하면 동시에 액션을 실행할 수 있습니다.

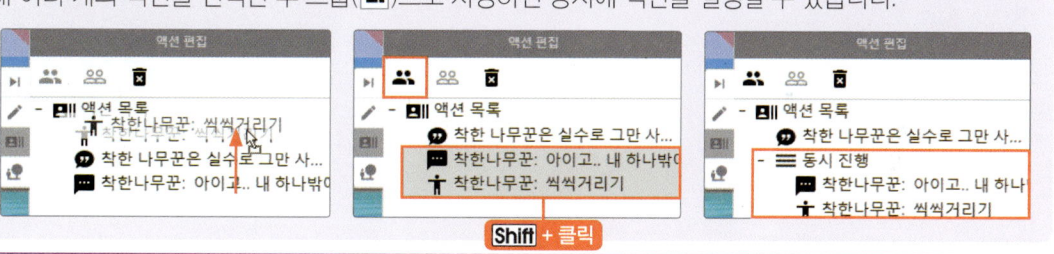

CHAPTER 23 혼자서 뚝딱 뚝딱!

① 애니메이션에 필요한 캐릭터들을 무대로 등장시킨 후 액팅 탭의 여러 가지 액션을 적용하여 재미있는 동화를 완성해보세요.

② 미리보기 탭을 눌러 오른쪽 스토리 정보에서 완성된 애니메이션을 다운로드해보세요.

CHAPTER 24 단원 종합 평가 문제

학습목표
- 타자 프로그램을 이용하여 '낱말연습 8단계'를 연습해봅니다.
- 17일차~23일차에서 배운 내용을 평가해봅니다.

선생님 확인	부모님 확인

1 컴퓨터가 알아들을 수 있는 언어로 다양한 프로그램을 만드는 것은 무엇일까요?

❶ 코딩　　❷ 복사　　❸ 인쇄　　❹ 메모장

2 그림과 같이 컴퓨터는 여러 개의 작은 점들을 조합하여 그림이나 글자를 만들어요. 이 점의 이름은 무엇일까요?

❶ 도형
❷ 체크무늬
❸ 사각형
❹ 픽셀

3 네이버 지도를 다음과 같은 화면으로 보기 위해 필요한 기능은 무엇일까요?

❶ (거리뷰)
❷ (주변 항공뷰)
❸ (뒤로 이동)
❹ (홈)

4. [Chrome( )] 앱을 실행하여 'aso.playhenry.net'에 접속한 후 가장 기억에 남는 일을 애니메이션으로 제작해보세요.

※ 애니메이션을 만들기 전에 아래 내용을 먼저 작성해 보도록 해요!

❶ 가장 기억에 남는 일을 간단하게 적어보세요.

❷ 그 일의 결과는 어땠나요? 그리고, 그 때의 나의 감정을 적어보세요.

❸ 애니메이션에 필요한 등장 인물의 이름을 적어보세요.

❹ 애니메이션에 필요한 배경을 적어보세요.

❺ 플레이헨리를 이용하여 멋진 애니메이션을 완성해보세요.

TIP 플레이헨리 세팅 탭의 상단 메뉴 더 알아보기

- (설정) : 무대 배경 색상과 글꼴(나레이션, 대사)을 변경할 수 있어요.
- (소품) : 캐릭터 외에 여러 가지 소품을 배치할 수 있어요.
- (날씨) : 무대에 비 또는 눈이 내리도록 지정할 수 있어요.
- (밝기) : 무대의 밝기를 조절할 수 있어요.
- (필터) : 무대에 필터를 적용할 수 있어요.

MEMO

MEMO

MEMO